青春期心理成长知识星球

学业规划和生命教育

吕剑晨　张　碧　何佐钦　周芸婷　黄　莹/著

中国妇女出版社

图书在版编目（CIP）数据

青春期心理成长知识星球 ：学业规划和生命教育 / 吕剑晨等著. -- 北京 ：中国妇女出版社，2024.1（2024.6 重印）
ISBN 978-7-5127-2230-9

Ⅰ.①青… Ⅱ.①吕… Ⅲ.①青春期－心理健康－健康教育 Ⅳ.①G444

中国国家版本馆CIP数据核字（2023）第220234号

责任编辑：赵 曼
封面设计：末末美书
插　　画：至善奥博—乌鸦
责任印制：李志国

出版发行：中国妇女出版社
地　　址：北京市东城区史家胡同甲24号　　邮政编码：100010
电　　话：（010）65133160（发行部）　　65133161（邮购）
网　　址：www.womenbooks.cn
邮　　箱：zgfncbs@womenbooks.cn
法律顾问：北京市道可特律师事务所
经　　销：各地新华书店
印　　刷：小森印刷（北京）有限公司

开　　本：150mm×215mm　1/16
印　　张：12
字　　数：100千字
版　　次：2024年1月第1版　　2024年6月第2次印刷
定　　价：49.80元

如有印装错误，请与发行部联系

前言

“怎么才能成为一个学习高手？”“未来我可以选择哪些职业？”“怎样才能活出有意义的一生？”

学业连通着职业，职业连接着人生。未来正在到来，眺望远方，我们不禁思考：如何才能走好脚下的路？

学业，是生活的主旋律。你可能常常听到“好好学习，天天向上”，会单纯认为学习是听课、写作业、考试。其实，学习是一种综合能力，它包括学习的动力、对学业目标和计划的规划能力、记忆力、注意力、自控力等。同时，它还是策略和方法的集合体——使用笔记对知识进行深加工的策略、积极归因的方法、应对学习焦虑的方法。努力提升能力之余，巧妙运用策略和方法，能让学习事半功倍，从而变成更加出色的学习者。

生涯规划，是生活的瞭望塔。学习之外，你会面临许多的抉择，如以后想学习的学科、就读的专业、从事的工作，还会面临环境的变化和数不清的人生际遇。

人生的各种可能正在未来发出微光，你需要提前做好规划，带着勇于突破的心态，使用正确的决策方法，找到最适合自己的那种可能。

生命，是生活的根基。忙碌的生活之余，你可以停下脚步，将目光聚焦在自己身上，静观生命的动静起伏。在漫长的一生里，你需要探寻生命的意义，才能让生命更加充实丰富；你需要照顾好自己的身心健康，才能走得更好更远；你需要冷静沉着，才能应对生命之旅中变化莫测的“天气”和危机。

本册《青春期心理成长知识星球——学业规划和生命教育》聚焦学会学习、生涯规划和生命教育三大主题，每篇文章都从一个与你有关的驱动性问题出发，引入与你同龄的林子宸与宋语昕的成长故事，通过走心实用的方法与简单易行的练习，共同探讨青春谜团，共赴成长之路。

愿我们在不断的觉察、探索与运用中，见证青春的力量与奇迹！

“学习‘小马达’”内容介绍

这部分主要聚焦“学会学习”。漫漫求学路，你需要强劲的学习动力来开启学习的发动机，也需要一个走心的目标来引导方向，更需要一个好计划来踏实走好每一步。

从记忆力、注意力再到自控力，从课堂学习、课后复习再到学业考试，学习的每一个时刻都有巧妙的方法让你事半功倍！

在这部分内容中，你会学到：用对了方法，你能更高效、更快乐地学习！

“未来‘先行者’”内容介绍

这部分主要聚焦“生涯规划”。生命有边界，探索无上限。你或许有一个远大的梦想，希望成为遨游太空的宇航员；或许有一个美丽的愿望，希望找到一份自己热爱的工作。其实，梦想与现实之间，可以搭起一座桥梁。做好生涯规划，你就能像一个时空穿梭者一样，预知未来可能发生的事情，并做好准备。

在这部分内容中，你会学到：学业、专业和职业联系紧密；当变化发生时，你可以积极调整好心态，理智地做出抉择。

“人生‘体验官’”内容介绍

这部分主要聚焦“生命教育”。有人苦苦探寻生命的意义，但你能自行赋予生命的意义，也能自己创造生命的意义。成长路上，你要好好照顾自己，安然地入睡，幸福地生活。面对危机和挑战，尽管你偶尔无助，感慨命运无常，但你依然能及时调整好自己，重回生活的轨道。

在这部分内容中，你会学到：你是自己生命的主宰，因此你要爱惜和呵护你的生命；你的生命可以绽放得更加灿烂。

人物介绍

林子宸

从未碰面的朋友们，你好！我叫林子宸，你可以称呼我为子宸。我是一名阳光开朗的男孩，今年已经上初一啦！我对人热情友善，总是尽力去理解他人。我觉得学习是一件挺有趣的事，尤其是在我能顺利解决难题时。我喜欢交朋友，也热爱各种运动，特别是篮球。

我有着强烈的集体荣誉感，无论是在学习还是生活中，我都愿意为团队的成功付出努力。我对世界充满好奇，家里有许多百科全书、推理解密类书籍，我喜欢挑战自己的思维。

我擅长的科目是数学，我热衷于解决各种数学问题。不过，有时候我会有些粗心，上课偶尔也会分心，毕竟你也知道，人无完人嘛！

总体来说，我是一个热爱学习、喜欢交友、对世界充满好奇的男孩。我始终相信，只要我努力，就能克服任何挑战，实现自己的梦想。

宋语昕

从未碰面的朋友们，你好！我叫宋语昕，我还有一个昵称叫宋宋。我是一个安静的女孩，今年也上初一，和林子宸同班。我喜欢想象，常常幻想未来。对于现在，我习惯把事情安排得井井有条，有自己的时间安排表。我不怎么广交朋友，只有几个特别要好的闺密。

在家里，我喜欢听歌、看电视剧。我还有自己正在追的偶像，收藏了很多偶像的照片。通过粉丝群，我还认识了不少网友呢。

在我的书柜里放着一些小说、漫画书和散文、诗歌集。我很擅长语文，作文常常被老师当作范文。

上了初中以后，我发现自己有了很多变化，身边的同学们也变得不太一样了，这让我感到很好奇。

总体来说，我是一个喜欢想象、内心有一个小小世界的女孩。我相信，足够的专注和努力，就能够让我成为更好的人。

目录 CONTENTS

Part 1 学习“小马达”

Part 3 人生“体验官”

Part 1

学习“小马达”

1 学习的“发动机”

感觉学习没有什么动力，上课听不进去，求破……

学习是让许多人苦恼的事情。一提到学习就提不起神、没精打采；上课忍不住走神，等回过神来已经不知道老师讲到哪里了；考试将近，明明很紧张，但宁愿发呆也不想复习；即便下定决心好好复习，可翻开书本看了两页就看不下去了；时常会问自己：今后要考哪所学校？未来的路该怎么走？

为什么我们会感觉学习没有什么动力？如何让自己动力满满呢？

快开学了，子宸的班级群里格外热闹："你作业写完了吗？""把你作业借我抄抄呀。"……同桌给子宸发来私信："还有三天就开学了，我还有一大堆作业没写。唉，学习太无聊了。每次打开作业，我就犯困不想写。这么多作业，反正也写不完，那我还不如"躺平"，刷刷手机、看看小说算了。对了，我楼下的表弟说暑假作业交上去老师也不会看的，那不写也无所谓吧，反正老师也不看。虽然我妈妈看到我迟迟没有动笔，着急得一遍遍催促我赶紧写作业，可我就是不想写啊。"

"摆烂"的子宸同桌，经常沮丧无助而不想学习，这其实是学习没有动力的表现。除此以外，学习动力不足的表现还有很多，如拖延、没兴趣、学习效率低等。

如果让你对自己当下的学习动力状态做一个 0 ~ 10 分的评分，0 分代表对自己当下的学习动力状态非常不满意、没有任何学习动力，10 分代表对自己当下的学习动力状态非常满意、学习动力十足。那么，你给自己评多少分呢？

如果你感觉当下自己学习动力充足，请你给自己点个赞，此刻的你正在努力地朝着目标迈进；如果你觉得相较于最佳时期，现在的学习动力有下降的表现，没关系，这也很正常，因为学习状态本身就是波动的。学习动力直接关系到学习效果，当你学习动力满满时，你会发现自己的学习效率高、成绩好。而学习动力不足时，思考效率会降低，学习效率自然就不高。以下两个方法可以助你及时做出调整：

一方面，弄清楚是什么阻碍了你的学习。在学习的道路上，你可能会遇见很多“小怪兽”，导致你没有学习动力。比如：“目标迷雾怪”，会让你看不清目标，失去前进的方向；“难题打击怪”，会让你解答不出题，打击你的自信；“网络诱惑怪”，会让你沉迷在丰富的网络世界里，注意力完全没在学习上。此外，还有“兴趣削弱怪”“技能不足怪”“心态倦怠怪”“拖延怪”……你可以对照检验一下，看看阻碍自己学习动力的怪兽是什么。

另一方面，在找到自己的学习动力之前，想一想你学习是为了什么。“我学习是为了考上理想大学”“我学习是为了让我妈快乐”“我学习是为了以后年薪达到百万”……学习的理由在心理学上就叫学习动机，它可分为内部动机和外部动机。心理学家奥苏贝尔将学习动机分为以下 3 种：

认知内驱力。渴望认识和理解，希望获得和掌握知识。比如，对生物很感兴趣，所以生物课上总是很积极。这种好奇心、兴趣等就属于认知内驱力，这是最稳定的动机。

自我提高内驱力。希望通过好成绩获得知识之外的地位满足。比如，为了考第一名而努力学习，凭借自己的才能当选学习委员。

附属内驱力。希望通过好成绩赢得老师和家长的赞许与认可，追求的是知识之外的满足。比如，为了获得老师的夸奖而努力学习。

其中，自我提高内驱力和附属内驱力都属于外部动机，认知内驱力属于内部动机。学习既需要内部动机，也需要外部动机。但外部动机和内部动机的力量是不一样的。现实中，约 70% 的人学习动机都是外部动机。

你可能经常听到这些话：老师会在考试后问你“哪一

科拖后腿了”，父母关心你的成绩“这次排名第几”，平时同学间询问“你考得怎么样”……这些长辈的督促、同辈的竞争，都属于外部动机，它们既会推着你前进，无形中也会给你压力。如果压力过大还容易让你产生厌烦心理，导致学习效率大打折扣。而内部动机则更加稳定，比如，“我看到了自己这一次的进步，以后我要更努力”。内部动机可以让我们学习更主动，也会相应产生更多的热情，使学习效率更高。

内部动机与外部动机都很重要，寻找到合适的学习动机能帮助你提升学习动力。那么，如何找到学习动机呢？这里提供几个方法。

找到兴趣

兴趣是最好的内部动机。达尔文因为对生物外形感兴趣，才深入研究并写成了《物种起源》；瓦特对水壶沸水感兴趣，才发明了蒸汽机；拉瓦锡对空气感兴趣，才研究出了空气的成分……他们将自己的兴趣转化为行动，最终收获了成功。你也可以在学习中发现自己的兴趣所在。如何找到自己的兴趣，可在《青春期心理成长知识星球——认识自我和情绪调适》一书查看具体方法。

难度适宜

很多人写学习计划时踌躇满志，但是开始执行计划时就想“躺平”。如果刚开始的学习任务很难，会让你有挫败感，从而生出“不想学了”的想法。所以，一开始不要给自己布置太多任务，能完成几个简单任务就好。如果背 100 个单词有难度，可以降低一下难度，背 10 个试试看。

正如“胜利者效应”所说，动物战胜较弱对手后再和强者较量，要比直接去跟强者竞争的胜算更大。所以，先攻克任务难度较低的学习任务，再慢慢挑战高难度的任务，不仅能让你开始学，还能提高胜算率，让你有成就感。

及时奖励

我们可以把大任务拆成小任务，当完成一个任务时，不妨给自己一点奖励，如喜欢的美食、扭蛋等。这种迅速的正反馈能立即刺激大脑分泌令人感到愉悦的多巴胺，进入“完成任务—奖励—愉悦—完成任务”的循环。你会觉得学习过程变得轻松又可持续，并因此逐步沉迷于学习。

沉浸环境

有时，你写了满满一页的计划表，最后却将它遗忘在角落里。让自己动起来的最好方法，就是远离“偷懒场景”，营造适合的学习场景。如收拾出专属于你的无杂物书桌，越简洁越好，不要让无关的物品吸引你的注意力。觉得环境有杂音的话，你可以戴上耳机播放白噪声或者可以帮助你集中注意力的轻音乐。

动机测试站

寻找学习动机的第一步：识别自己目前的主导学习动机类型。下面这 10 道题描述了不同的学习动机，请写出符合你实际情况的序号。

①学习是一件很有意义的事

②我很喜欢学习并享受学习

③我很喜欢专注、投入的感觉

④对我来说学习是充满享受的过程

⑤学习是我不断认识世界的有效途径

⑥我想读一所不错的高中

⑦我要好好学习给其他人做榜样

⑧我希望成绩超过我的同桌

⑨我认为学习好能获得大家的认可

⑩我不想让老师和父母失望

测试结果：①至⑤题对应的是内部动机，⑥至⑩题对应的是外部动机。请你分别数出你的选项中内部动机和外部动机的个数，个数多的动机类型为你的学习主导动机类型。

动机加油站

完成第一步后，接下来可以去识别阻碍你学习的“小怪兽”。你可以回忆一下，在你不想学习的时候，是什么小怪兽让你无心学习。你可以用彩笔将你心中的小怪兽画出来，描绘出它的表情、颜色、动作、名字等。

如果用 1 ~ 100 代表小怪兽的攻击值，你的小怪兽的攻击值是多少呢？被它攻击后，你的情绪和行为的表现是什么？如果可以和阻碍你学习的小怪兽说说话，你会说什么呢？

如果你觉得这个小怪兽的攻击值很大，没关系，你可以通过进行“想象目标”的练习来增强你的学习动力。在安静、不被打扰的环境里开始你的生涯想象：

时间过得很快，现在是 7 月，一年中最炎热的时候。此时，你接到了快递电话，他说这里有一份录取通知书需要你签收。接电话时，你可能在哪里？在做什么？穿着什么样的衣服？你心中早有答案，这正是你努力过后的理想结果。此时，你的心情如何？如果你要打电话与人分享这个喜讯，你会打给谁？你们会说些什么？

如果你看到了几年后那个充实、自信、幸福、有价值的自己，请书写你的学习理由，并用一张漂亮的小卡片记录下来，放在笔盒中或者贴在显眼的地方，以便时刻提醒你学习的目的。

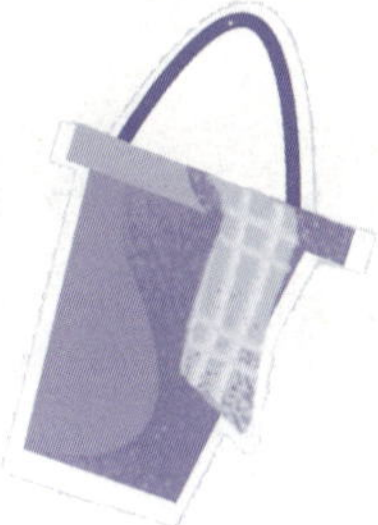

2 走心的目标

老师要求我们制定目标，可我觉得没什么用，目标也很难完成

在学校里，你常常会见到或听到与目标相关的信息。比如，老师会问你“期末考试要定什么样的目标？”“你想考多少分？”那么，你是如何理解目标和它的作用的呢？

语文课上，老师写下了“目标”二字，并解释道：“目标，指想要达到的境地或标准。”老师让同学们写下自己的目标。宋语昕是这样写的：“考上一所好大学。”课后，她兴致勃勃、干劲十足地埋头学习。可是坚持了不到一周，她就开始犯嘀咕：“考大学还要好几年呢，我现在努力有用吗？”语文老师见

她最近上课有点松懈，便找她谈心。老师问道：“你想好自己的目标了吗？”宋语昕点点头说：“我想好了，我想考一所好大学。”老师继续问：“哪一所好大学呢？”宋语昕一时回答不上来：“我不知道。”“那你想怎么考上好大学呢？”老师又问。宋语昕有些困惑：“就是认真写作业，专心听课吧。”“那怎样才算认真写作业，专心听课呢？”宋语昕陷入了沉思……

学习过程中我们难免会有压力，会感觉疲惫和倦怠，这些感受会影响我们的学习，此时我们就需要自我调节。目标，就是自我调节这把“狙击枪”的瞄准镜。目标能够给予我们行动的动力，引导我们行动的方向，同时帮助我们判断自己是否取得了成功。

心理学家齐默尔曼将自我调节学习分为三个阶段：第一个阶段是计划阶段，第二个阶段是行为阶段，第三个阶段是反思阶段。在计划阶段，我们需要设置目标，继而才能产生后两个阶段，在反思完成以后还要对目标进行调整，再重新开始新的循环，如此学习才能呈现出螺旋式上升的状态。

“一艘没有目标的船，任何方向的风都是逆风。”意识到目标的重要性，是走向成功的第一步，但目标不只是一句口号，它需要基于严谨的态度和科学的方法来制定。

人生有许多个阶段，每个阶段都可以制定目标。距离现在超过一年的，叫作长期目标；距离现在 3 ～ 6 个月左右的，叫作中期目标；距离现在 1 个月以内的，叫作短期目标。长期目标作为人生理想和方向，可以指引中期目标和短期目标。

例如，宋语昕所写的“考上一所好大学”，就是一个长期目标。它可以短暂激发人们的斗志，但因其实现的时间太过遥远，会让人感觉现在无论多么努力都很难看到回报，继而逐渐放弃付出，选择等待。

有了长期目标，我们还应当制定中期目标和短期目标。例如，为了考上一所好大学，中期目标可以这样制定：在 3 ～ 6 个月内要实现的目标可以是期末考入年级前 100 名。短期目标则是下一次小测试得到 95 分以上，更近的短期目标可以是今晚作业只错 5 题，再近一点的超短期目标可以是这节课我能专注听讲 40 分钟不走神，还能做好笔记。

这样一来，每一天、每节课都会有一个目标，便能尽快地看到目标的实现，从而获得实现目标的自信心和快乐，可以帮助自己判断有没有“好好学习”，进一步提升行动力，朝着长期目标前进。

另外，一个目标不能只是看上去“好”，而应该适合自己。例如，一晚背80个英语单词的目标固然好，但也需要考虑当天的作业量、自己的身体情况、学习能力及其他条件。当你发现目标很难完成时，不要因此怀疑自己，可以将注意力放在重新制定目标上。

彼得·德鲁克是一位管理目标的大师，他认为，制定目标时，需要注意以下五个原则。

目标应该是具体的

目标应该清晰明了，而不是用概括的语言去描述。如“考上好大学”“认真听课”，都是比较模糊的目标，会让你在执行目标时感到困惑：到底什么水平的大学算好大学？到底怎样的听课模式算好好听课？

制定目标时要明确更加具体的信息，例如，可以用“未来考上本省医科大学的临床医学专业”取代“考上好大学”这个目标。

目标应该是可量化的

就像短跑运动员平时的训练一样，教练会帮助他记录反应的时间、奔跑的时间，同时还会监测他的身体指标。这些时间和指标就是一个个可量化的数值，可以让运动员明白做到什么样才更出色。

定一个带有数字的可量化目标，如一天背诵 80 个英语单词、数学作业的正确率达到 85% 以上。这样你可以更清晰地了解自己当前状态和目标的距离。

目标应当是可以实现的

每个人的学习能力、身体素质和所处环境各不相同，同样的目标，有的人可以完成，有的人则很难完成。

需要评估自己当前的整体情况，在“努努力能够达到”的区域设置目标。例如，一晚背诵 80 个英语单词对于你来说难度较大，那么可以将目标变成能实现的：一天背诵 50 个英语单词。你可以利用白天的课余时间，将 50 个英语单词拆分背诵，这样更容易完成目标。

目标应当是相关的

这里主要指的是中期目标和短期目标要与长期目标相

关。你的长期目标是人生中一次长跑的终点，而中期目标和短期目标是这场长跑的里程碑，它们应当起到提示方向的作用，并与长期目标紧密相关。

目标应当有截止日期

如果一场跑步比赛没有时间限制，参赛选手并不会觉得轻松，反而会因为无休无止的奔跑而精疲力竭。同理，一个目标没有截止日期，你可能会感觉日复一日都在做同样的事情，会感觉看不到尽头。同时，截止日期还能带来一定的紧迫感，促使你行动起来。

长期、中期、短期目标

请你找一个安静的空间，坐下来想一想：你的目标是什么？你可以在长期目标的指引下，找到中期目标和短期目标吗？

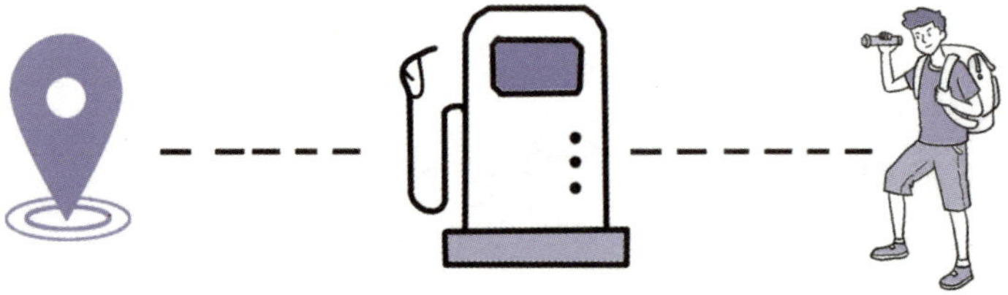

长期目标
(1 年以上)

中期目标
(3 ～ 6 个月)

短期目标
(1 周以内)

写好目标以后，请你进一步思考：这三个阶段的目标在行动的过程中能不能带来足够持久的动力？你能否利用它们检验你的行动是否取得良好的效果？有时候我们可能会发现，尽管写下了三个目标，但要一一实现存在一定难度，比如：长期目标遥远而模糊，导致学习时常常迷茫；已经很努力了，但中期目标和短期目标还是无法达成，这是为什么呢？

我的目标清单

根据制定目标的 5 个原则，宋语昕搜索了大量的资料，并评估了自己的学习情况，对目标进行了如下调整：

长期目标：考入本省第二知名大学的法学专业。

中期目标：在期末考试时考到年级前 100 名。

短期目标：本周每学科的小测试分数在 85 分以上；每天背诵 50 个英语单词；订正并掌握当天的作业；预习第二天的功课。

参考宋语昕的目标，你认为你的目标还有没有可以调整的地方？试着结合前文中的 5 个原则，调整你的目标吧(见下页“我的目标清单”)。

实现目标的过程中，你不仅会感觉生活变得更充实，而且还会养成锚定目标坚持不懈的好习惯。同时，你也可能会遇到各种各样的困难，比如，一些突发事件导致你无法专注学习、当天作业难度较大导致其他学习任务时间被挤压，等等。面对这些困难，向老师、家长、同学求助，能帮助你尽快克服困难，进而继续专注于你的目标。

你还可以把下面的这份清单用自己喜欢的形式写到一张纸上，贴在家里显眼的位置，完成以后做上标记。请朋友或家长监督，在目标达成以后给予自己一定的奖励，这样才能保持充沛的精力和良好的情绪，并最终实现目标。

我的目标清单

长期目标：一年以后，我

中期目标：期中 / 末考时，我

短期目标：

月考时，我希望

写作业时，我要

上课时，我可以

我还想

3 好计划大成就

这么多事，我要先做哪一件？

今天是周末，你刚吃过午饭，接下来一个下午的时间，你有以下事情要完成，你会怎么安排？

写作业、看电视、帮妈妈取快递、聊天、玩游戏、运动、去医院检查牙齿、读名著。

如果这是期末考试前的一个下午，你又会怎么安排呢？

刚才，你已经在心里“制订一份计划”了。这份计划里既包含了学习，也包含了个人的生活和其他事务。你认为做一份计划对你来说重要吗？如果没有计划，这个下午会是什么样的？

每到周末的下午，林子宸总是“惊讶”地发现，还有好多事情没做。就拿今天来说，他坐在书桌前，心想：新出的动画番剧还没来得及看；上周妈妈预约了牙医，今天该去看牙医了，可是作业一个字还没动；明天老师还会进行课堂小测试，我要是做得不好铁定完蛋……这简直太令人抓狂了！他决定先去看牙医，看完回来赶紧写作业，这样还能剩一点时间看动画。没想到刚看完牙医，妈妈打来电话，说等会儿她直接来医院接他，一起去奶奶家吃晚饭。“这下真的完蛋了，明天小测试肯定过不了关……”子宸想，“哎，下周我一定要先做完作业再玩！”

“凡事预则立，不预则废。”这句话的意思是，不论做什么事情，都要事先做好准备，才能取得成功，如果不做准备，就会失败。这里的准备，不仅指物质上的准备，更是指心理上的准备，也就是我们所说的计划。

前面我们了解了“如何设置一个目标”，这是制订一份好计划的开始。例如，在刚才的任务安排中，你可以为这个下午选择一个主题作为你的目标：学习、锻炼身体、放松、备考等。这样你就能知道以哪些任务为重点，而后再去安排其他事情。

有时候，尽管我们安排好了任务，也会出现许多意想不到的事情打乱我们的计划或是出现一些在我们计划外，但不得不做的事情。这时候可以怎么做呢？

美国著名管理学家史蒂芬·柯维（《高效能人士的七个习惯》的作者）提出了一个协助我们制订计划的小工具，叫作“时间管理四象限法”。他将任务按“重要程度”和“紧急程度”区分出不同事务的优先级。其中，“重要”指的是这个任务符合你的目标，对你来说有价值、有意义；“紧急”指的是这个任务要尽快，最好能立即完成。

如果将重要程度和紧急程度结合起来，共同放入一个坐标轴，就如下图所示。

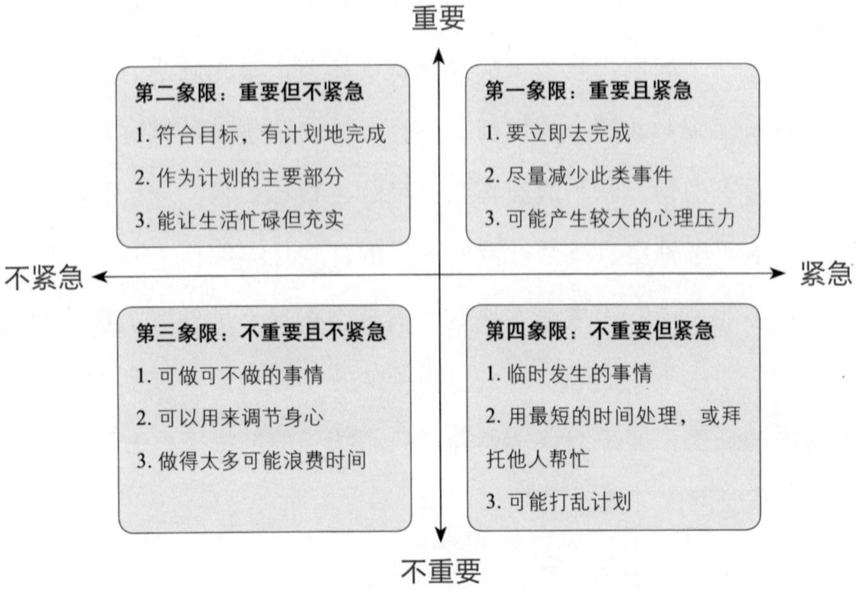

想一想，过去你是否在除了第二象限以外的任务类型中花费过多的时间和精力？如果是，那就需要重新制订你的计划了。

你可能还会发现一些问题，比如，虽然有了计划，但很难坚持下去，这可能是因为计划制订得太过“完美”，以至于只要有任何细节出现纰漏，都可能导致整个计划失败。因此，你需要一份“不完美”的计划。

在制订计划时，我们不仅要考虑任务的数量和类别，还要考虑时间、空间及自己的身心状况和能力。

所谓“知己知彼，百战不殆”。在行动前，你需要问自己几个问题：我今天的身体状况如何，是充满活力还是疲惫困倦？我的心情如何，是轻松愉快还是失落难过？我的效率如何，和平时一样吗？我的生物钟如何，什么时间我能足够清醒、高效？我对今天的计划信心如何，有多少把握能完成？如果你发现自己的身心状况不是很好，效率和信心也不太理想，那么今天可能并不适合安排过多、过难的任务，而是应该在调整好自己状况的前提下，做一些难度适当的任务。

重要的事情，要在合适的空间做。比如，学习是一件重要的事情，那么最适合它的场所应当是安静的房间、干净整洁的书桌或秩序井然的教室。倘若你在嘈杂的奶茶店，或是听着歌坐在电脑前或手机旁写作业，那么你原先的计划很有可能会因为受外界的干扰而无法完成。你要确保你安排重要任务的场所能够让你专注。你可以在没有紧急事件的情况下，整理并打扫出这样的场所，为自己打造一个良好的环境。

我们常常听人们说“时间就是生命”，它提醒我们要珍惜时间。不过，过于珍惜时间，可能也会产生压力。

在制订计划时，我们可能会看着时钟，写下从几点到几点要做什么事情，把每一分每一秒都安排得满满当当。这样做看似完美，实际上执行起来是很困难的，原因如下：

首先，这需要我们保持极高的专注力和执行力，要一刻不停地完成任务。我们应该明白，人的大脑和身体是会劳累的，超过一定时长，行动的效率就会下降，因而这样的安排会给我们带来很大的身体负担。

其次，我们的生活无法像地球绕着太阳转那样永恒不变，生活中偶尔会有不可预料的突发事件。如亲人的突然到访、一个重要的聚会或是停电……给每一分钟都安排上任务，意味着计划不能有变动、不能出错，而意外又是很难避免的，因此，过于严格的计划会给我们的心理带来比较大的负担。

那么，怎样制订一份“不完美”的计划呢？

给你的任务分类

这个周末，你会做些什么？

开始制订计划前，请先预留一些时间，把这周末要做的事情列出来，然后写下你这个周末想要达成的短期目标。

根据目标判断事情的重要程度，再根据实际情况判断事情的紧急程度，将所有事情分好类别，放入“时间管理四象限”，然后开始制订计划。

在最初练习的时候，你可能需要借助纸笔或其他工具才能整理好所有事情。等你习惯了以后，就只需要在大脑中进行分类，可以节省不少书写时间。最终，你能分清任务的轻重缓急，对能完成多少任务更有把握。

写下“不完美”的计划

请拿出一张纸，根据以下步骤，书写你的第一份周末计划。

第一步，算一算你的计划大约需要多少时间完成。比如，写一篇作文需要一个小时、练琴需要一个半小时、写数学作业需要两个小时。

第二步，看看自己的身心状况和生活规律，按时间进行分配。比如，你更喜欢在晚上做重要的事，那么可以把难一点、需要更专注的任务放在晚上。

第三步，依据科学规律安排计划。一份计划中，一定要有休息、娱乐和运动的时间。因为人是会感到疲惫和厌烦的，适当的放松和休闲、充分的体育锻炼，可以保证我们有一个强健的体魄，从而提高计划的执行力。比如，每学习 40 分钟，就眺望远处 10 分钟。

第四步，让你的计划灵活起来。制订计划时，一定要留一些空白时间，保证即便有意外发生，也有时间和精力去处理。还可以将这段空白时间作为奖励，在你高效完成了计划以后，可以让自己多休息一会儿。

计划是协助我们达成目标的好帮手，但它不是一成不变的，而是可以根据不同的情况做出调整的。一份好计划，加上一个好的执行者，就能换取一座闪亮的成就奖杯，相信你可以成为一个细致又灵活的计划人!

4 探寻记忆的迷宫

昨天刚背过的单词今天就忘了，我的记忆力好差！

有一串神秘的代码：2918281627142612251024082306220421029981。

请你阅读以上代码，然后试着将它背出来，你能做到吗？

你会发现：如果只是简单地浏览，背诵时只能说出几个数字；如果你读了好几遍，背诵时便可以说出更多的内容；如果你之后常常翻看这一页，并努力背诵，那么在一段时间以后，你可以完整地背出这一串数字。但如果告诉你，这是以倒序的方式，从 2 乘以 9 及其得数，一直呈现到 2 乘以 1 及其得数，外加 9 乘以 9 及其得数 81，是不是只要几秒钟你就能记住了？

生活中，我们经常要记住许多信息，有时候你很轻松就能记住，有时候则需要很努力才能记住。对你来说，记忆是一件轻松还是困难的事呢？

宋语昕马上要期中考试了。自习课上，同学们悄悄地抱怨：

“哎呀，昨天刚背诵过的课文，今天怎么都想不起来了！”

“上次考试时明明见过类似的题目，可大脑就是一片空白，等考试结束一看书，又立刻会做了。”

“背书好无聊啊，还背不下来，真的心态爆炸！”

宋语昕也觉得，“记忆真是一件又麻烦又难的事情，要是有哆啦 A 梦的‘记忆面包’就好了”。

其实，“记忆面包”就在我们的大脑里。我们的大脑储存着过去的经验，包括感知过的事物、思考过的问题、体验过的情感、练习过的动作等，这些都是我们生活过的痕迹。不过，我们大脑的记忆储存区容量有限，并不能长时间保存我们接收到的所有信息，这时“遗忘”就会发生。

心理学家艾宾浩斯做过一个关于遗忘的实验，结果发现，记忆的内容会随着时间的流逝逐渐减少，最后稳定地保持在某个水平上。他还发现，遗忘的速度是先快后慢的，也就是一开始遗忘很快，以后逐渐减慢，遗忘的信息会越来越少。

这也说明，为什么有些知识或信息你很多年没有想起来，但只要一接触，它们就能很快从陌生变熟悉。比如，你小时候学过骑自行车，哪怕很长时间没有骑自行车，再接触到时，你只需要练习一两次，就能熟练地骑行了。

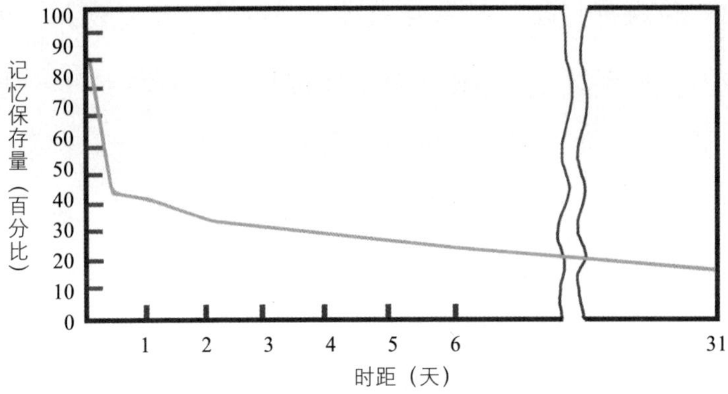

请你回忆你在学习过程中的状态，是刚开始学的知识记得更牢，还是过程中学的知识记得更牢？

记忆还有一条规律，就是当我们在学习时，记忆的内容会受到其他信息的干扰。而中段学习的知识会受到最开始和最末尾的知识的干扰，这使得它更容易被忘记。

因此，在安排学习时，要将重要的知识放在开始和末尾来学，而一些相对容易的知识，可以放在中段来学，这样可以让记忆事半功倍。

当然，记忆也需要一些特别的技巧，可以试试以下的方法。

位置记忆法

位置记忆法，最早是由古希腊的演讲家在演说时使用的，是将我们要记忆的事物用某种位置顺序来记忆。请回忆一下，你平时更多的是在教室里学习，还是在家里学习？闭上眼，你能否记起教室或家里空间的布局、家具的摆放呢？如果可以，说明你的脑海里已经搭建起了一个场景，它还原出了你所处空间的样子。继续想象的话，你甚至可以在脑海中调整家具的位置、拿起桌上的水杯或在空间里行走。

记忆也可以如此。当你背诵课文或古诗时，你可以将自己代入到主人公的视角，想象作者或主人公是如何在所描写的空间里行动的，再根据行动的顺序，将相关的知识与位置连接起来，这样就能更快地利用场景位置，记下所学的知识。

让我们来练习一下——

《木兰诗》中有这样一段话：“东市买骏马，西市买鞍鞯，南市买辔头，北市买长鞭。旦辞爷娘去，暮宿黄河边，不闻爷娘唤女声，但闻黄河流水鸣溅溅。旦辞黄河去，暮至黑山头，不闻爷娘唤女声，但闻燕山胡骑鸣啾啾。”

试试看，请你把自己想象成代父从军、远行出征的花木兰，在脑海中重现木兰为参军忙碌准备、离家远行的景象，再把词句放进场景中，一边想象一边背诵，这样就比原本的死记硬背要轻松愉快许多。

另外，有些知识还可以和你学习所处的场景结合起来，目之所及，皆为所记。比如，你坐在教室中，就可以利用黑板、课桌、时钟等设施，结合英语单词进行背诵。当看见blackboard（n. 黑板）、learn（v. 学习）、study（v. 学习）、clock（n. 时钟）等词，就可以边看着场景边背诵。

当然，如果你能把其他不同类型的单词和场景进行关联，你还可以记住更多的单词。考试时就能像自带“外挂”一样，迅速地回忆起学过的知识。

理解记忆法

还有一些知识是很难靠反复背诵记住的，比如数学和物理的定理和解题技巧。它们往往是在不断的练习中被记在脑海中的，这意味着我们需要在理解的基础上进行记忆。

例如：“1是正数，−2是负数，0既不是正数也不是负数。”当你不了解什么是正数、什么是负数时，你只能一字一句地死记硬背。在做练习时，当数字更换，变成“99”或“−47”时，你可能就很难答对。而当你理解了什么是正数、什么是负数，不仅能迅速记住这句话，还能举一反三，判断出更多数字的正负，这句话就不再成为记忆的负担了。

你还记得小时候背诵的九九乘法口诀表吗？相信你一定已经烂熟于心。能将它熟记至今，有一个很重要的原因，就是你在不断地练习它。在后来的学习中，你不再仅仅用到个位数乘法，而是把乘法融入更难、更多样的计算和应用题中，你不再刻意地背诵它，但依然记忆犹新。

因此，主动去应用所学知识、勤加练习，可以更快速通关“记忆迷宫”！

及时复习法

艾宾浩斯告诉我们，记忆是会随着时间慢慢淡去的，遗忘每时每刻都在发生。假如记忆是一座迷宫，那么遗忘就可能是滔天的沙尘暴，会让记忆迷宫被覆盖，甚至被摧毁。复习，则是抵御遗忘沙尘暴最有力的武器。

你有复习的习惯吗？你是定时复习还是考前临时抱佛脚呢？合理的复习应当是有规律的。

在学习新知识后，要在当晚进行复习，在这之后，复习的时间间隔可以拉长，比如，一周后复习第二次，一个月后复习第三次，期末考试前再整体复习一次。坚持复习的习惯，才能让知识长期地保存在脑海中，从而让我们在需要时能够快速地回忆起来。

复习的方法也很重要。如果只是浏览课本和作业，那么记忆的效果就不会很好。可以采用自问自答的方式，检验自己对知识掌握的熟练程度；或是对照课本的目录，看看自己能不能有条理地回忆出相关的知识。

记忆就像一座神秘的迷宫，如果你只是莽撞地前行，就可能走进死胡同，或者原地打转、总在走回头路。而用对方法，不仅可以让探索记忆迷宫的过程变得有趣，还能让你尽快走出迷宫，获得记忆赠予你的宝藏！

“记忆大王”的妙招

除了位置记忆法、理解记忆法和及时复习法，你还能想到其他特别有效的记忆方法吗？问问你认识的“记忆大王”，他有什么记忆的妙招呢？

多背 3 遍记得更牢

“过度学习”能帮助我们把记忆变得更加牢固。过度学习的意思是，当你能 N 遍完整地回忆所学知识时，就表示你已经掌握了这一知识，而过度学习就是在这 N 遍的基础上，再多回忆 3 ~ 5 遍。这样一来，记忆就会更加深刻，日后复习时就能节省不少时间。

今天的背诵作业，就这样试试吧！

5 培养内心的“注意力警察”

上课时我经常走神，甚至考试时也如此，有没有办法让我集中注意力？

无论是学习、阅读，还是玩游戏、看电视，“注意力”总是如影随形，出现在我们生活的每一个角落。不过，有时注意力也会“离家出走”。看看以下的场景，你有没有同样的经历？

- 在写作业或考试时，常常因为“粗心”导致出错。
- 一旦需要持续专心，就很难坚持，不想去做。
- 有时候会弄丢文具或其他的生活用品。
- 经常忘记事情，如忘带作业。
- 有一点风吹草动就会被吸引过去，之后很难再对原来做的事保持专心。

- 在听课或需要专注的时候，经常走神想其他的事情。

当发现注意力“离家出走”时，你的心情是什么样的？

林子宸发现自己最近有上述的状况，特别是上课时，总是会想电视剧和小说里的情节，等回过神来不知道老师讲到哪里了。有几次上课分心被老师提问，他支支吾吾地回答不上来，感觉很丢人。他有些懊恼，也有些怀疑自己：到底是哪里出了问题？

注意力是我们心理活动中很重要的一部分。心理学家詹姆斯这样形容注意力：“注意”是指人们把意识集中在某些事物上。简单来说，注意力像我们大脑中的一个警察，会紧紧盯着你把意识集中到你想要关心的事情上。

不过，“注意力警察”的人力是有限的，当我们需要专注于一件事时，就会分配许多的注意力到这件事上，而其他地方就无暇顾及；另外，当我们需要同时专注于许多事情时，就要让注意力轮班站岗，以兼顾多方面的需求。

“注意力警察”有一定的辖区范围，这个范围指的是一瞬间内我们可以注意到多少事物，在心理学上被称为注意的广度。

大多数时候，我们仅能注意极少的事情，如考试。而有些情况，我们又可以同时注意很多事情，还能在不同的事情间不断切换。比如，在骑自行车时，我们不仅能注意到车的平衡，还能注意到路况，等熟练了以后，甚至还能边哼歌边骑车，同时脑海里还能思考事情。

每个人的大脑里都有一支“注意力警察部队”，但队伍人数却不一样。也就是说，同一个任务，有的人可以派出浩浩荡荡的注意力大部队，它们相互协调配合，可以一起工作很长时间；而有的人只有一支精锐部队，每工作一段时间就需要停下来休息。但这并不能说明谁的队伍差，而是提醒我们，要根据自己的注意力情况来合理安排休息时间。

另外，事物或事情的特点也会影响我们的注意力。一件事情越复杂、越有趣，我们会投入越多的注意力。除此之外，当我们认为做某件事情很有意义时，就算它很单调乏味，我们也会很专注地完成。

注意力还能从一个事物转移到另一个事物上，比如，当听完一节数学课时，经过课间休息，你又能将注意力转移到下一节语文课的学习上。不过，有时注意力并不容易转移。当老师宣布了春游的通知，我们沉浸在出游的喜悦中，计划着要买什么零食、玩什么游戏时，可能就很难把注意力放到课堂学习上了。

就像其他的技能一样，注意力也是可以通过训练提升的。下面我们以上课为探究场景，看看怎么让注意力与你团结一心、守护学习。

课前，我们要和注意力拟定一份协议。也就是告诉注意力，接下来它应该监督哪里，应该如何配合我们学习，这就是我们所说的预习。在上课的前一天，我们可以预先浏览第二天要学的知识，把觉得有难度的部分做上标记，这样上课时就能清楚学习目标了。协议是相互的，注意力要遵守我们的规则，我们也要遵守注意力的规则。

请你观察你的注意力有什么样的特点，它能持续多长时间，会不会受到你的心情和身体状况的影响，也请思考你对接下来要学习的知识是否感兴趣，你的意志力如何。如果你的注意力最多只能维持40分钟，那么学习时间最好就控制在40分钟左右。如果心情、身体状况、兴趣程度和意志力都处在不佳的状态，那么，在开始学习前要先进行调整，比如，通过充分的休息或冥想练习让身心达到理想状态，然后再开始学习。当你和注意力愉快地达成了一致，就可以正式迈入课堂了。

上课时，我们要和注意力并肩作战，光靠一个脑袋加赤手空拳可不行，我们要为注意力提供支持。例如，配备笔和本子，让大脑、眼睛和手合作，在书上进行勾画，做好课堂笔记；积极思考老师提出的问题，经常举手发言，或在心里重复老师所说的话；和同桌配合，相互提醒，避免分心。下课后，需要为下一节课做好准备，你可以利用课间到户外走走、做几次深呼吸，让大脑放松下来。

还有一些方法，可以让我们培养出卓越的注意力警察。

第一，整理“注意力标识区”。将你需要高度集中注意力完成任务的区域整理干净，不摆放可能会让你分心的物品，把手机、零食、游戏机、电脑、漫画书、玩具等可能会勾起你的好奇心、分散注意力的物品清理出这块区域。特别是手机，消息提醒会扰乱你的注意力团队，使得任务很难完成。因此，在需要专注时，把手机“关禁闭”是最好的办法。

第二，增强体育锻炼。在运动赛场上，我们能看到运动员总是全神贯注地投入比赛中，特别是射击运动员、球类运动员等，有时候他们甚至能够排除心跳的干扰。经过科学规律的体育锻炼，我们能够学习如何专注于目标，同时还能够保持健康的身体，减少因为疲惫而产生分心的情况。

第三，保证充足的睡眠。长期睡眠不足会影响我们在重要任务上注意力集中的状态和时间。保证睡眠时间，能让我们处在更清醒的状态中，即使偶尔走神，我们也能很快意识到，并把注意力“召唤”回来。

舒尔特方格

舒尔特方格是一个既有趣又有效的注意力训练游戏。它的玩法是这样的：下图是一张 7×7 的数字表格，里面包括了数字 1 ~ 49，请你用手指依次指出数字 1 ~ 49 的位置，并记录所需的时长。可以邀请小伙伴和你一起 PK，谁用的时间短，就说明谁的注意力更加集中。

一个舒尔特方格可以多次练习。经过训练，你指出所有数字的时间会越来越短。你还可以自己绘制舒尔特方格，让家长或同学任意填入数字 1 ~ 49，这样你又有新的注意力训练游戏了。

9	40	18	46	8	44	20
41	1	25	48	19	7	12
24	33	13	31	43	29	47
17	27	14	30	35	2	45
34	38	3	10	49	16	5
11	28	22	42	6	26	36
4	23	39	15	37	32	21

巧用番茄钟

1992 年，弗朗西斯科·西洛里在生活中偶然发现了番茄形状的定时器，于是他灵机一动，创造出了番茄钟工作法。番茄钟工作法是这样的：写下今天你要完成的事情，形成待办清单，高度专注一定时间，再休息一段时间，如此进行 4 次高度集中训练，然后安排一段长时间的休息。

请你想一想，平时你一般能保持注意力高度集中的状态多长时间？然后完成下面这张番茄钟工作图。

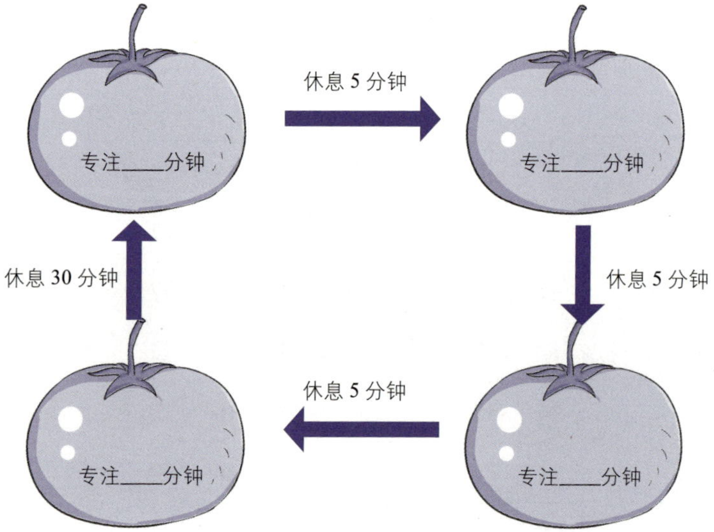

一旦开启番茄钟，就要尽量避免被干扰，远离那些可能会让我们分心的事物，设置好闹钟提醒时间。准备好纸和笔，可以记录下那些让人分心的事物和念头，在开始下一个番茄钟前提示自己要更加专注。

休息时，不做可能给大脑带来负担的事情，如看短视频、读小说等；也不做可能会让我们情绪激动、忘记时间的事情，如打游戏。可以站起来走一走，喝点儿水，放空一会儿。如果你发现自己无法完成一个番茄钟（25 分钟时长），那么可以把时长调整到你可以专注的时长。

6 自控力提升记

写作业时总想干点其他的，明明做好了计划还是会偷懒和拖延，咋办？

生活中，你有没有这样的烦恼：知道明天要早起，虽然时间已晚，但还是忍不住想再看会儿小说；写作业时总想干点其他的；做好计划还会偷懒和拖延；下定决心减肥，面对火锅、麻辣烫、小龙虾还是管不住嘴……宋语昕的小姨最近打了一通电话给她，说了表妹的近况：

“宋语昕，好久不见。听说你被评上三好学生了，恭喜你呀！小姨觉得你总是很自律，想让你帮帮你表妹。她最近学习状态很不好，特别拖拉，总想干其他的事情。明明说了要努力学习、奋发向上，热度却不过三分钟。老师也跟我反映，说她在学校上课时经常分心。我说她她又生气。哎，我实在没办法了。你能不能和表妹聊聊，告诉她可以怎么做？”

从小姨的电话里我们能看出，宋语昕的表妹正处在缺乏自控力的状态中。什么是自控力？自控力就是在面对诱惑和干扰时，能够控制自己的情绪和行为的能力。

表妹有一颗想要努力学习的心，但总是被各种各样的诱惑（手机、零食、跟同学聊天、小说）所吸引，导致学习、生活失去平衡，这些诱惑并没有让她觉得很享受，而是让她很懊恼、担心甚至焦虑。这说明缺乏自我控制的生活，会让我们很焦虑，缺少幸福感和满足感。想要避免自控力不足，先要了解你的自控力属于哪种类型。

斯坦福大学的心理学家凯利·麦格尼格尔认为，自控力不足包括三种类型，你可以审视自己的行为表现，看看自己属于哪种类型。

A. 总想着“我先躺一会儿，我玩一会儿再学习，明天再学习”，总也开始不了。这属于时间自控力不足型。这类型的人，不是不能发现自己的错误，而是不能改正自己的错误。正如他们的口头禅“从明天开始，我一定改正自己的错误，从头开始”。

B. 看到手机，就忍不住开始玩，虽然也曾有过内心挣扎，但最后还是没有抵住诱惑。这属于欲望自控力不足型，自己虽然定下准则，但容易受各种因素的影响而难以遵循。

C. 与父母意见不合就乱发脾气。这属于情绪自控力不足型，即不能很好地控制自己的喜怒哀乐，遇事急躁，不能三思而后行，容易冲动、意气用事。

如果你时常因为自控力不足而懊恼、焦虑，别担心，其实对于很多人来说，自控只是一时的行为，力不从心却是常态。即使很优秀的人，也无法完全掌控自己的生活。我们先来了解一下提升自控力的三种力量，以便帮助你提升自控力。

大脑的自控系统包括三种力量，它们与大脑和身体紧密相关，由大脑的前额叶控制：大脑左侧区域负责发挥“我要做”的力量，它能帮助你处理枯燥、困难或充满压力的工作，当你想玩耍时，它会让你继续写作业；

大脑右侧的区域负责发挥“我不要”的力量，专门让你抵住诱惑，如当你面对油炸、香辣的食物时，它会让你闭上嘴；大脑中间靠下的区域负责发挥“我想要”的力量，即目标和梦想，这个区域越活跃，你采取行动和拒绝诱惑的能力越强。

这三种力量如何帮助我们解决自控力不足的问题呢？当我们处在时间自控力不足的状态，我们要提醒自己“我要做什么”，然后立即开始行动。当我们处在欲望自控力不足的状态，要坚决地对诱惑和干扰说“我不要”，从而抵住诱惑。同时，自己要想清楚“我想要什么”，我的长远目标是什么，每天具体的目标又是什么，可以写下来激励自己完成。

你可能会好奇，自控力既然和大脑有关系，人人天生有自控力，那自控力是后天可以改变的吗？心理学家瓦尔特·米歇尔进行了与自控力有关的“棉花糖实验”。实验中，幼儿园小孩可以选择立即获得一样奖励（棉花糖、饼干等），或者选择等待 15 分钟而得到相同的两个奖励。后续跟踪研究发现，为了得到两块棉花糖而坚持忍耐更长时间的小孩通常具有更好的人生表现，如更好的考试成绩、更和谐的人际关系等。米歇尔认为，真正关键的是孩子们的自控力并非完全由基因决定，而是可以通过训练有意识地去培养的。

下面介绍几种自控力养成的小技巧，这些训练可以帮助你成为一个自律的人，从而把握自己的生活节奏，实现自己的理想目标。

复盘每日决定，养成每日微习惯

《自控力》一书中提出：“你想拥有更强的自控力，就需要有更多的自我意识。首先你得知道，什么样的决定需要自控力。”你可以以今天为例，将你今天做的决定都记录下来，晚上安静地回想你今天做的决定，分析哪些会消磨你的意志，哪些有利于你实现目标。坚持记录你的决定，有助于减少在注意力分散时做决定，同时增强自控力。

你也可以尝试坚持每天做一件小事，养成每日微习惯，也有助于培养自控力。比如，每天冥想 5 分钟、每次用左手开门、每天看一页书、每天做 10 个俯卧撑等。

面对诱惑，等一等

《自控力》一书中提出："神经科学家发现，10 分钟能在很大程度上改变大脑处理奖励的方式。如果获得即时的满足感之前必须等待 10 分钟，大脑就会把它看成是未来的奖励。如果没有了选择即时满足感的强烈生理冲动，奖励承诺系统就不会如此活跃。"所以，你可以利用"10 分钟法则"来克服诱惑和拖延，在所有诱惑面前安排 10 分钟的等待时间。在这 10 分钟内，你一定要想着长远的奖励，以此抵抗诱惑。

和自律的人做朋友

当你觉得自控力下降时，你可以和自律的小伙伴交朋友，如果找不到自律的朋友，也可以把优秀的、自律的人当成你的榜样。

如果实在控制不住自己也别担心，很可能是因为最近你的心理能量不够充分，这可能和最近的经历有关系，不必苛求自己，好好照顾自己的情绪和身体，给自己更多的时间进行调整。

寻找“棉花糖”诱惑

我们发现，在自己重要目标或者人生关键节点上，持续的不自控会让我们离目标越来越远。自控力如此重要，不妨先找一找你容易被哪些“棉花糖”诱惑，可能是手机游戏、美食、动漫……这些诱惑吸引你的注意力，让你的学习效率下降。可以问问自己：我在什么情况下会被诱惑？这些诱惑满足了我哪些心理需求和期待？对我的学习生活产生了哪些影响？

提升自控力卡片

现在，你了解了自己平时容易在哪些方面自控力不足，也学习了提升自控力的方法，接下来更重要的是将方法落实到以后的行动中。试着填写以下自控力卡片并落实到行动中。

面对诱惑

■ 我想要（设定需要完成的长远目标）；

■ 我要做（结合自己的实际情况，明确自己具体要完成的事情）；

■ 我不要（需要坚决拒绝的）

当想放弃时，会监督、鼓励我

7 笔记的妙用

我看到别人都在做笔记，有用吗？

课堂上，你会在以下场景做什么？

- 老师打开一页新的 PPT……
- 老师在板书一道题的解题过程……
- 老师把课文的中心思想念出来……
- 老师解析试题的答案正确与错误的原因……
- 老师提醒同学们："这里要记下来！"

每当老师做出以上的行动时，有做笔记习惯的宋语昕都会迅速拿起笔进行记录。她是班级里为数不多的有好几本厚厚的笔记本的学生。老师经常表扬她上课听讲很认真，同学们课后也会找她借笔记来看。坚持记笔记的宋语昕，逐渐发现了一些困惑：自己的笔记记得太多，时间久了分不清重点；记笔记需要花时间，课堂上容易错过老师讲解的内容；课后整理笔记同样花时间，有时候作业都来不及写……

你有做笔记的习惯吗？你怎么看待宋语昕的这些困惑呢？

做笔记是学习策略的一种。可能你会认为，做笔记一定是拿起笔在笔记本上“唰唰”记录，实则不然。在书上画线、做记号，也是一种做笔记的方式。当然，做笔记的形式多种多样，可以是抄写板书、记录老师讲述的内容、绘制表格等。

俗话说：“好记性不如烂笔头。”为什么做笔记对于学习这么重要呢？

通过阅读有关记忆的章节，我们明白了遗忘的规律。不复习的情况下，我们记忆的内容会随着时间慢慢减少，而加深对记忆内容的理解可以帮助我们更快速长久地记住所学知识。也就是说，我们做笔记，不是为了花费大量时间和精力去书写，结果越写越暴躁，干脆笔一扔不写了，而是让笔记成为帮助我们理解知识的高效学习工具。

笔记可分为两类。第一类是“记笔记”。在上课或阅读时，你听到或看到的新的知识要尽可能地记录，这是在记录别人的所思所想，便于我们学习更多知识，如写课堂笔记、做好词好句摘抄等。第二类是“做笔记”，这是记录自己的思想和感悟，如写读后感、记录问题等。

勤奋的人一丝不苟抄笔记，智慧的人巧用策略做笔记。康奈尔大学的学习策略中心为我们提供了新的做笔记的思路——康奈尔笔记法。

康奈尔笔记法由康奈尔大学教授沃尔特·鲍克发明，是记与学、思考与运用相结合的有效方法。它分为三个部分，上半部分占纸面的四分之三，其中，上半部分的右侧占三分之二，为主栏；左侧占三分之一，为副栏。下半部分占纸面的四分之一，为总结栏。

康奈尔笔记

主题 1:	日期:
2. 副栏（线索栏） ● 关键字 ● 要点 ● 主要的想法 步骤②简化 步骤③背诵 何时填写： 听课后复习时	1. 主栏（记录栏） 记录学习内容（板书、幻灯片或阅读的主要内容） 步骤①记录 何时填写： 听课、阅读时
3. 总结栏 ● 留白，补充 ● 思考，心得体会 步骤④思考 步骤⑤复习 何时填写： 听课后复习时	

你可以按照以下五个步骤，做一份既有记录功能又有思考功能的笔记。

记录

当你在听课或阅读时，要尽可能地记下老师在课堂上说的内容或写在黑板上的内容。你可以用一些特殊的符号代替常见的字，从而提高记笔记的速度。你还可以用不同颜色、形状的记号，如红色、蓝色、圆点、波浪线、三角形等来突出重点和难点，这样你的笔记就一目了然了。

简化

下课以后，你需要尽快将这些知识要点进行整理。简单来说，你可以用一些关键词概括主栏中的内容，或者以问题的形式串起所有知识点。就像是给主栏做一个简单的目录，你可以模仿课本的目录来撰写副栏的内容，或者想象自己是一个出卷老师，此时你会如何考查这一部分的内容。这样可以给笔记“瘦身”，也让你对笔记有了更多的思考。

背诵

把主栏遮住，只用副栏中的提示信息，尽量把学过的内容完整地叙述一遍。这一步可以帮助你检验是否已经理解并记住所学的知识。要努力思考，用自己的话语把知识点表达出来。这样你就可以清楚地知道自己是否掌握了知识点。

思考

对学习内容进行总结，可以把自己的学习感悟、疑难问题等内容记录到总结栏中。另外，总结栏也为知识点的补充预留了空间。当我们听到其他有关这一部分的知识内容而想要补充进笔记时，就可以写在总结栏。我们还可以用便利贴拓展笔记本的空间，从而丰富我们的笔记。

复习

复习是学习中非常重要的一步，虽然它不一定需要用笔来完成。有规律的复习习惯可以帮你再次记住所学的知识，并减慢遗忘的速度。每周花 10 分钟左右的时间复习你的笔记吧。先看看副栏，回想一下学过的内容，然后再看主栏，看看有没有回想时遗漏的知识点。考试前，你还可以专门复习一下你不太熟悉的部分。如果不进行复习，就算写再多的笔记，它们也只是放在角落里积灰，最后被遗忘掉。所以要做好复习，让学过的知识一直记在脑袋里！

光是讲这些方法，你可能有些摸不着头脑，让我们以

“错题集”为例，来看看康奈尔笔记法可以怎么应用到学习中。

在做完作业或完成一次考试后，我们需要进行订正。这时，我们可以将错题的题目用黑色水笔摘抄在笔记的主栏中，然后用不同颜色的笔把正确的解题步骤和答案誊抄在题目下方。注意，这里的抄写，不能是“只动手，不动脑”，我们要在看过答案解析以后，自己再写一遍，确认自己弄明白了解题的步骤、能够得到正确答案以后，再把步骤默写在题目下方。至此，你完成了第一遍“订正”。

接下来，我们要分析这道错题，它链接了课本中的哪个单元的知识点，可以把相关知识点的定义、定理和公式写在副栏中，这样我们就可以知道这道题到底在考查什么，我们对课本里的哪一块内容掌握得比较薄弱。这是第二遍“订正”。

最后，我们可以在总结栏写下出错的原因及订正后的感想。出错的原因有很多，可能是题目出得比较难、自己一时粗心，也可能是复习时自己忽略了这个部分。总结出错误的原因后，就要在之后的学习中尽量避免犯类似的错误。这是第三遍“订正”。

在之后的日子中，我们还可以常常翻阅这本错题集进行复习。你可以用一张便利贴将解题步骤遮盖，这样复习时就可以看着原题再尝试解答一次，从而检验自己是否真的掌握了。积累一段时间的错题后，你还可以对错题进行归类，把相似的题整理到一起，然后有重点地进行复习。

总之，做笔记，不仅要记，还要常常使用，才能让它发挥出最大的作用！

尝试完成一份笔记

在运用康奈尔笔记法的过程中，相信主栏的使用方法对你来说是小菜一碟，而副栏则可能有些陌生，所以下面我们尝试单独完成副栏。

假如本篇《笔记的妙用》就是你写在主栏中的笔记，那么你会如何完成副栏的撰写呢？你可以用哪些关键词或问题作为这篇文章的目录？你能为它配上一些插图吗？

以下提供了一些和关键词及问题有关的参考，希望对你有帮助。

关键词：笔记的定义，笔记的重要性，笔记的类型，康奈尔笔记法（书写格式、使用步骤）、错题集。

问题：笔记是什么？笔记有多重要？笔记有哪些类型？康奈尔笔记法是什么？怎么做？错题集可以怎么做？

接下来，我们要完成总结栏的部分。在读完本篇内容以后，你有什么新的发现、感悟和收获？试着形成一份独一无二的阅读笔记吧！

千变万化的笔记

笔记还可以运用到不同的学科、不同的领域。除了错题集，你还能想到其他使用康奈尔笔记法的地方吗？

笔记不仅是一份文字材料，也可以成为一件艺术品。请你用康奈尔笔记法，选择一个你感兴趣的学科或领域，做一份具有你个人特色的笔记。可以选择读书笔记、观影笔记、单词本或班级同学关于某次活动的会议记录等。尽情地发挥你的创意吧！

8 找到“为什么”

明明是试卷太难！明明是我考试前没休息好！他们根本不管我为什么没考好！

在学校，考试成绩总是牵动着我们的神经。在对考试成绩进行总结时，你怎么分析考试成败的原因？你是否知道，每次对考试结果的不同归因，会对后续学习产生不同的影响？

考试试卷发下来了，面对自己糟糕的分数，林子宸很难受。曾经他也考过班级前几名，但这几次考试总是考不好。子宸忍不住跟同桌抱怨：“这次数学题目太难了，我考前复习的知识点一个也没考，太倒霉了！而且咱班学习氛围太差了，不然我怎么会不及格？都说一分耕耘一分收获，我考前也一直在努力，可成绩还是没有进步，可能我真不是学习这块料吧。”

找出自己考试失败的理由，这种现象在心理学上被称为归因，即我们如何解释自己和他人行为的原因。学习生活中，我们会对自己的学业成绩、人际关系等的成败进行各种归因。

美国心理学家伯纳德·韦纳将行为成败原因归纳为六个方面：能力高低、努力程度、任务难度、运气好坏、身心状况、外界环境。请你帮子宸分析一下，他这次考试失败的原因。

看来我真的不是学数学的料！——能力低

嗯，一分辛苦一分收获！——努力程度

题目太难了！——任务难

唉，运气太差了，考前复习的知识点一个也没考！——运气差

谁让那天我感冒了呢，唉！——身心状况

都怪咱们班学习氛围太差了！——外界环境

按不同的性质，韦纳将以上六个方面分成了三个维度。第一，内（外）在性：内在因素包括能力高低、努力程度、身心状况，外在因素包括运气好坏、外界环境、任务难度。第二，稳定性：能力高低和任务难度是稳定的，努力程度、运气好坏、身心状况、外界环境是不稳定的。第三，可控性：努力程度是可控的，其他因素是不可控的。

维度 关系 因素	内（外）在性		稳定性		可控性	
	内在	外在	稳定	不稳定	可控	不可控
能力高低	+		+			+
努力程度	+			+	+	
任务难度		+	+			+
运气好坏		+		+		+
身心状况	+			+		+
外界环境				+		+

不同的归因会产生不同的结果。当你认为影响自己学业、心理问题的因素是内在的、稳定的、不可控的时候，你就容易感到内疚、沮丧和自卑，认为无论自己尽多大努力，都难以提高自己的学习成绩。因此，你的学习动机就

会下降，斗志也会随之消失，以致不愿做尝试性努力。

这种现象就是心理学上所说的“习得性无助”，即认为无论怎样努力也无法改变事情的结果，继而放弃努力的一种心理状态。塞利格曼对狗的电击实验正好印证了这一点。

程序一：把狗关在笼子里，只要蜂音器一响，就电击狗使其痛苦。狗被关在笼子里逃避不了电击。多次实验后，当蜂音器响起，研究人员在电击前，先把笼门打开，此时狗不但不逃，而且还不等电击就倒在地上开始呻吟和颤抖，本来它可以主动逃脱，当时却绝望地等待痛苦的来临。

程序二：把这只受过电击的狗放进另一个笼子，这个笼子由两部分构成，中间用隔板隔开，隔板的高度是狗可以轻易跳过去的。隔板的一边有电击，另一边没有电击。实验者发现，这只曾受过电击的狗除了在开始的半分钟内惊恐一阵子之外，此后一直卧倒在地，绝望地忍受着电击的痛苦，根本不去尝试有无逃脱的可能。

程序三：把没有经受过电击实验的狗直接放进有

隔板的笼子里，发现这些狗全部都能逃脱电击之苦，轻而易举地从有电击的一边跳到安全的另一边。

上述实验中，狗的绝望心理被称为“习得性无助”，那些产生无助感、认为无论做什么样的努力都无济于事的狗对电击毫无反抗。塞利格曼为了找到防止“习得性无助”的办法，经过进一步研究，又重新设计了一个实验。

让狗在接受“无法摆脱的电击”实验之前，先学会如何逃脱电击之苦。方法是先把它们放到可以躲避电击的那个笼子里，当它们接受电击时，只需轻轻一跳，就可以免受电击的痛苦。等到狗学会轻易地从笼子的一边跳到另一边时，再让它们参与第一个实验，结果发现，这些狗不太容易陷入“习得性无助”。

这一过程表明，当狗乐观地认为，电击是暂时的，只要越过隔板，就可以免遭电击，便不会陷入习得性无助。这个实验证明，悲观是可以改变的，只要改变自身原本那些消极的想法，情绪状态便会发生改变。

“习得性无助”产生的主要根源是我们的归因方式。乐观的归因方式可以阻止习得性无助产生，而悲观的归因方式可以加重习得性无助。如果你是乐观的人，认为失败是暂时的，是可以改变的，困难可能是环境引起的，也可能是人为的，你时常感到满足、信心十足，说明你日常倾向于积极归因，这会让你更愿意积极行动。

相反，如果你是一个悲观的人，把失败都归结为自己的过错，认为这些失败会不断地发生在自己身上，经常感到沮丧、自卑，甚至一蹶不振，这说明你的归因倾向于消极归因，这会导致你缺乏行动力。比如，子宸数学没考好，他可以这样进行积极归因：“我只是这次没考好”“我是数学没考好，不是全部都不行”“我下次努力了就能考好”……

如何才能积极合理归因呢？你可以试试下面这几个小方法。

思考事情：多内部归因

下面列出了两个情境，每个情境有两个原因分析。请你想一想，这两个情境中的原因分析有什么共同特征？不同的原因分析给你带来什么感受呢？

情境①：你不想学数学（原因A.我没有学习数学的动机；原因B.数学老师讲课太枯燥了）

情境②：你总是上课不记笔记（原因A.我学习习惯一直不好；原因B.老师没有告诉我重点）

这两个情境的原因分析都包括内部、外部归因。当我们从不同角度看问题时，感受是不一样的。当我们只考虑外部原因时，可能产生消极怠慢的心理，导致不积极应对困难，比如，数学学不好就认为是老师的问题，因此就不想学了。但如果从内部原因出发，则会努力调整改变，也会更自信。所以，合理归因的方法，是思考事情时先考虑内因后考虑外因。内因有更多可控的因素，它代表着改变的机会，我们通过改变个人的努力程度、态度、方法，提高兴趣和能力，可以提升个人的实力，从而成为更优秀的人。

解决事情：聚焦可控的原因

我们换两个情境，请你想一想，这两个情境的原因分析有什么共同特征？不同的原因分析给你带来什么感受？

情境①：你输掉了一场准备已久的比赛（原因A. 我不是一个优秀的运动员；原因B. 我不是很擅长这一项运动）

情境②：你考试不及格（原因A. 我没有其他同学聪明；原因B. 这次考试准备得不充分）

两个原因分析都与自身有关。尽管如此，不同的原因分析给人的感觉也会不一样。当你认为自己是个很糟糕的人而全盘否定自己时，心情会很低落。而当你把失败原因归结为“因为自身的准备不够”或“只是某一项做得不到位”这些可以改变的因素时，心情会好一些。所以，合理归因的方法还有聚焦可控因素。

这里需要特别提醒的是，我们在归因时要多角度看待结果，避免单一归因，避免思维受限。当发生好事情的时候，你归因时多指向一些自身积极的品质，这将有利于你面对生活。当坏事情发生的时候，你在归因时需要指向自身那些可以通过努力去改变的因素，不要盲目地否定自己。这会让你变得更好。

我的归因有特点

请拿出纸笔，结合你最近一次考试成绩，进行合理归因。

第一步：以下归因的角度，符合你的请画“√”，并补充导致你考试失败的原因；

	1. 学习兴趣强弱		11. 考试题目的难易
	2. 对老师及其教学方式的喜好		12. 勤奋程度
	3. 本身能力强弱		13. 是否有有效的学习方法
	4. 学习科目是否枯燥 / 难易程度		14. 情绪是否稳定，是否被无端情绪干扰
	5. 努力程度		15. 身体状况能否集中学习
	6. 天分 / 基础高低		16. 是否有人关心学习
	7. 学习资料是否充足		17. 是否有人指导我答疑解惑
	8. 对学校的喜爱程度		18. 是否妥善安排学习时间
	9. 运气好坏，复习的内容是否考到了		19. 是否有恒心和毅力
	10. 班级学习风气的好与差		20. 家里环境是否良好
	补充失败原因：		

第二步：从内（外）在性、稳定性、可控性三个角度归因，分析自己的主要归因倾向；

第三步：想想自己常有的归因倾向存在哪些不合理之处，可能会对你以后的学习行为造成哪些影响；

第四步：写出自己可以从哪些方面对不合理的归因进行改进，以新的归因方式看待问题，你的心情会有什么变化。

篇作文。林子宸对此感触颇深，他洋洋洒洒地写道：“一些学生为了取得好成绩而去报课外班，其他人为了成绩不比报班的人差，于是也去报了班。之后就有人报更多的班，其他人也报更多的班……这样一层一层卷下去，就叫‘内卷’。其实大家都知道，并不是人人都有必要上课外班，但总有那么几个人会‘掀起波澜’，这样其他人为了避免落后，也都跟着报班。‘学霸’报，大家跟着报，‘学霸’又报……这样的死循环谁能来打破？要知道，大家都报班和大家都不报班的差距是不大的，但大家都报班可能会牺牲童年、浪费时间。好高中、好大学是有限的，即使报班也不是人人都能进入的。不如都不报班，用省下来的时间去做自己热爱的事情，如滑板、写作、环游世界等。可惜啊，不会有多少人会听信我的这些‘鬼话’。”

“内卷”这一概念最先出现在农业领域，曾被学者用来描述农业生产长期原地不动，只能不断重复再生产的现象，后来在网络上流行开来，并衍生出“卷起来”“卷死你”“卷王”等网络用语。社会上关于“内卷”的讨论从未停止，而我们之所以不喜欢“内卷”，是因为内卷不仅意义不大，还会增加烦恼，使我们跌入焦虑的陷阱。

但是，对“内卷”的不满也在滋生一些不好的现象。生活中你会看到有人会用“内卷”去调侃别人的努力，比如，看到别人早晨到学校特别早，就会说：“来这么早？你好卷啊！”话语间充斥着不满与戏谑，仿佛所有的努力都不需要。

面对这一现象，有人认为：“‘内卷’这个词语是在歪曲努力奋斗的客观事实，无论是正在读书的学生还是已经踏入职场的年轻人，都不应该以‘不要内卷’为借口来掩饰自己的懒惰和没有上进心。简单粗暴地将努力等同于‘内卷’，甚至用‘内卷’去指责别人的努力、阻碍别人的进步，这才是一种社会不公平的现象。”

事实上，很多人并不清楚‘内卷’和努力之间的界限。2020 年，清华大学就有一位学生因为太过努力而被戏称为“卷王”。从新闻图片中我们可以看到：在深夜的校园里，这位“学霸”一边骑自行车一边操作着笔记本电脑，给人一种分秒必争的感觉。对于该行为，有人称赞他：“这就是人家能考上清华的原因！”但也有人抨击他，说这么

卷真没必要，而且骑自行车时操作电脑有安全风险。事后该“学霸”出面回应，此事纯属误会，因为自己电脑程序没结束，又需要赶回宿舍，不得已才如此。

你觉得该“学霸”的行为是“内卷”还是努力呢？要知道，正常的努力是非常必要的，因为我们可以通过努力奋斗去获得人生的回报；而“内卷”是不必要的，因为“内卷”不仅浪费时间，更会制造焦虑。那么，“内卷”和努力的区别是什么？我们该如何避免被“卷”？

心理学上的“剧场效应”可以解释“内卷”的发生原因。在一个电影院里，大家都正常坐着看电影，屏幕上的画面清晰可见；就在大家津津有味地看电影时，前排突然有一个人站了起来，直接把后面观众的视线挡住了，没有办法，后面的观众只能随之站起来，以至于大家都从坐着看电影变成了站着看电影。甚至有的人还会直接站到座椅上，导致更多的人效仿这一行为。因此，我们看电影的代价越来越高，这种现象被称为“剧场效应”。

“剧场效应”与“内卷”有着一致的内核，其本质是非理性的内部竞争。就像第一个站起来看电影的人，他的行为增加了其他人看电影的代价，使得大家不得已都站着看电影，这就是一种非理性的“内卷”。

需要思考的是，如果这个站着看电影的人没有影响到后排的观众，比如，他站到走道处，那么其他人还有必要站起来吗？答案自然是否定的，这是因为其他人有自主选择的权利，而不是迫不得已去效仿。

在学校生活中，早晨有同学很早到校的例子同样如此。如果老师看到该同学到校很早，便要求大家也效仿他提早到校，那么可以说这是一种不得已的“卷”；如果你看到该同学到校很早，于是为了与他进行攀比，决定到校比他更早，甚至牺牲自己的睡眠时间，以至于白天精神状态变差，这就是无意义的“内卷”，正是我们不提倡的行为。相反，如果你看到该同学到校很早，决定向他学习，并不一定学习他提早到校的行为，而是学着用一些方式增加自己的学习时间，既不影响白天的精神状态，又自主决定每天的行为。这便是一种理性的竞争，而理性的竞争可以在团队内形成积极奋发的氛围，从而提高学习效率。

可以说“内卷”和努力的区别就在于其竞争是否理性。我们与其他人竞争、比较，这本身是一件很正常的事情，但如果你被“比较”所裹挟，迫不得已地去效仿别人的行为，以至于伤害了自己，那你确实就被“卷”到了。要知道，“内卷”的尽头没有赢家，对于不合理的“内卷”我们应该予以抨击，而对于他人的刻苦努力我们应该给予赞扬。

那么，我们如何才能跳出“内卷”的陷阱呢？结合上述的事例解释，简单归纳就是：找到适合自己的方式，并且不与他人盲目攀比。在学习上，每个人都有自己的学习风格。所谓学习风格，是指人们学习时所偏爱的方式。比如，有人觉得自己早晨学习效率高，所以喜欢早晨多学习；有人觉得自己晚上学习效率高，所以喜欢晚上熬夜学习。每个人的学习风格不同，表现出的学习行为也不同。

因此，找到适合你的学习风格非常重要。同时，不要盲目和他人比较，以己之短攻人之长，本身就是一个笨行为。如果一个擅长早晨学习的人，非要和别人比晚上熬夜，其结果可想而知。只有在与他人比较的浪潮中明确自身定位、不攀比、不被“内卷”所裹挟，才能及早地跳出“内卷”的旋涡。

我被“内卷”闪了腰

回忆你的过往经历，请说出让你感觉自己被“卷”到的一件事。这件事是怎么发生的？你被“卷”到的时候是什么感受？它给你带来怎样的影响？请将你的答案写下来，同时结合上文的讲述思考，在这件事中，你觉得当初的你可以做些什么使自己避免被“卷”？

了解我的学习风格

教育心理学家尼尔·弗莱明提出了“VARK 学习风格”模型，他把人的学习分成视觉型、听觉型、读写型和动觉型，不同的人具有不同偏好的学习方式，只有将学习情景匹配自身的学习风格，才可以做到高效学习。

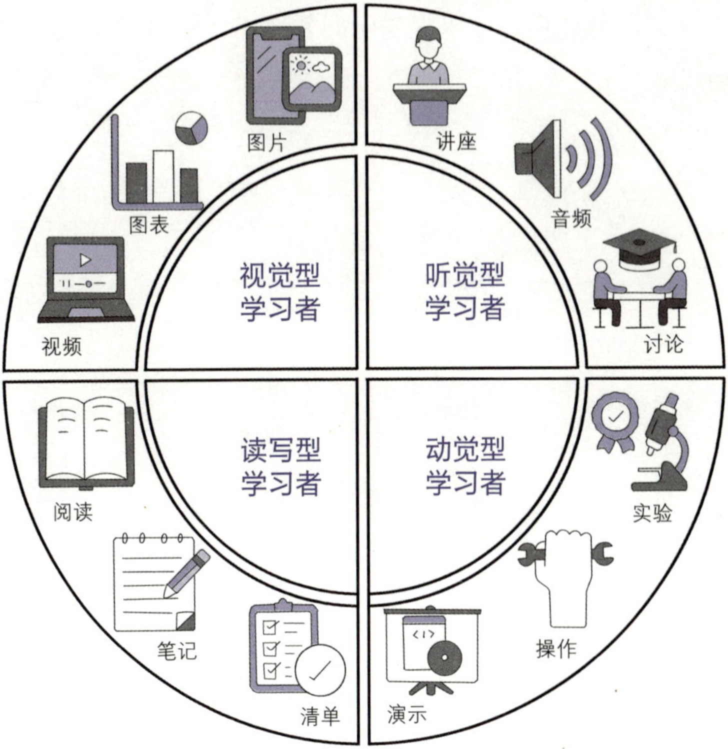

比如，你是一个视觉型学习者，那么你擅长通过视觉图像来学习，生活中可以尽量使用照片、视频、画画或图表的方式来辅助学习；你是一个听觉型学习者，则可以通过大声反复朗读来帮助记忆；你是一个读写型学习者，那么可以列好学习清单，详细记笔记对你来说很重要；你是一个动觉型学习者，多尝试具体的实践活动可以让你事半功倍。在日常生活中发现自己擅长的学习方式，找到适合自身的学习风格，可以提高学习效率，以自身的不变去应对万变。

Part 2

未来“先行者”

1 做人生大舞台的主角

我既要写作业，又要做家务，还要帮老师做事情，心累……

你是否仔细观察过其他人，在不同的时间和场合，他们的表现是怎么样的？你是否回顾过自己的生活，发现在成长的路上，你越来越成熟，要承担的责任也越来越多？

宋语昕下午刚完成了800米长跑考试，她感觉累得不行，好不容易等到放学，她想躺在沙发上玩会儿手机、刷一刷手机上的综艺节目。还没坐下，妈妈的声音便从厨房里传出来："宝啊，去帮妈妈拿个快递。"宋语昕不情不愿地说："知道了。"刚取完快递，班主任突然打来电话："语昕，你晚上帮我登记一下全班同学参加演讲活动的报名情况。”这边刚回复完老师，那边妈妈从厨房里发出“问候”：“手机已经玩半个小时了，你作业写得怎么样？”宋语昕心想：“又是让我做家务，又是催我写作业，老师还给我安排了任务，我怎么这么忙呢？”

人生是一个大舞台，我们是舞台上的主演。生活里的每个场景都是舞台上的一出剧目，我们会在不同的剧目里扮演不同的角色。

在家庭里，我们是子女，被照顾、关怀；长大以后我们是伴侣、家长，要承担照顾其他家庭成员的责任，学会关怀和爱护别人。在学校里，我们是学生，除了要努力学习以外，还要参加各种各样的校园活动和比赛，如校园运动会、文艺演出等。步入社会，我们是国家的公民，对社会有自己应尽的义务，也有着可以行使的权利。

当有人做出损害他人利益的行为时，我们要及时制止；当我们受到侵害时，可以使用法律保护自己。有时我们热心公益，会去帮助其他有需要的人。同时，我们还有一份工作，付出劳动，从而收获酬劳和人生的成就感。

在这些场景之外，我们还需要休闲娱乐，我们可能是一个绘画爱好者，可能会是一个Coser，也可能会是一个篮球运动员。在人生大舞台上，我们不只有一个角色，在不同的场合我们有着不同的身份，会采取不同的行动，承担着不同的责任。

著名的职业生涯规划师唐纳德·舒伯认为，人的一生需要扮演各种角色：子女、学生、持家者、公民、休闲者、工作者……有的角色登台时间较早，如“子女”的身份是从我们一出生就拥有的；有的角色登台时间较晚，谢幕的时间也很晚，如“持家者”这个身份。在成年以后，我们就承担了持家者这个角色，直到生命的尽头。每个人的角色扮演时间不同，对角色的投入程度也会不同。

一个人拥有多重角色，意味着他要灵活地切换和调整不同角色。按理说，在学校时我们是学生，要认真听课、做好笔记；在家里我们是子女，是家庭的一分子，就应该分担家务劳动。

出于对学业和身体健康的担心，家人常常会替我们承担家庭义务。比如，回家以后我们还要继续写作业，家务活都是由家人来完成的。他们为我们洗衣服、准备好饭菜，保证家庭良好运转，减轻我们的负担。这对于我们来说是一件好事。不过我们依然要明白，我们不仅是学生，更是家庭中的重要一员。

我们在家里要从学生的角色中转换出来，分担一些家务，学会帮助和关心家人，理解家人的辛苦付出，共同爱护这个家庭，就像我们的父母做的那样——他们一直在默默地同时扮演着许多角色，是我们的家长，也是爷爷奶奶、姥姥姥爷的子女，还是勤勤恳恳的员工。

如果我们始终只扮演“学生”这一个角色，就可能会变得只关心学业，不关心身边其他的人，这不利于我们发展良好的人际关系，获得更多的支持。

如果每个角色都能如自己心中所想的那样，我们就不会有那么多烦恼了。很多时候，总会有人要求我们应该怎么做，这可能会和我们的预期发生冲突。比如，学生这个角色，通常是被社会和家庭所要求，我们要付出很多的努力，才能成为他人期待的样子——一个认真听课、努力学习的学生，最好成绩还很不错。当其他人对这一角色的期待很高，希望我们取得一个特别好的成绩，而我们又无法满足要求时，就会产生矛盾。

如果你意识到其他人正在赋予你过高的期待，或者要求你去扮演一个你并不喜欢的角色，让你感到压力重重，你可以把这种想法和感受表达出来，通过沟通来平衡他人和自己的期待，以及自身能力之间的矛盾。

比如，宋语昕放学后感觉很疲惫，对于“女儿”这个角色似乎无力承担时，可以坦白地告诉妈妈，她才长跑完，想休息一会儿，吃过晚饭后再去帮妈妈取快递。这样既可以照顾好自己，也可以照顾到妈妈的需求。

大部分时候，我们都可以把所有的角色平衡得很好，但有些时候，我们无法面面俱到地扮演好每个角色，特别是在剧情复杂、场景冲突的时候。

想象这样一个画面：今天你走在上学的路上，发现一个小女孩迷路了，她独自在街上边哭边走。出于好心，你过去帮助她，耐心地问她家长的电话和家庭住址，可她因为年纪太小说不清楚。你心急如焚，想起如果再不上学就要迟到了，迟到是要扣班级分数的。这时，社会和学校的场景在你的人生舞台上就发生了重叠，你既想成为一个热心肠的公民，又想做一个有集体荣誉感、遵守学校纪律的学生，可是这时兼顾二者太困难了。

这样的情况在未来的人生当中还会发生很多次，所以，需要我们想清楚，哪个角色在我们的生命当中是最重要的？哪个角色的排序是可以靠后的？这样当我们面临冲突的时候，就能够更坚定地做出选择。

在看待角色时，每个人对于角色的价值判断是不一样的。有的人认为应当终身学习，做一个出色的学习者；有的人想对社会作出贡献，时常热心于公益事业；有的人想事业有成，为社会创造更多的价值；有的人想经营好自己的家庭，做一个会爱、会包容的人。每个角色都有它特殊且非凡的意义，没有高低贵贱之分。因此，我们尽力做好重要的角色，就已经足够了。

人在一生中会持续探索自己的角色，直到确认理想的角色，然后付诸行动，取得成就。上学期间，我们会通过电视、书籍、网络等方式了解外面的世界，也会通过培养兴趣爱好来探索自己喜欢做什么、擅长做什么，从而找到未来自己愿意投入时间和精力的角色，收获满满的成就感和幸福感。

理想“三问”

处在角色探索初期的你，对于未来一定充满了期待和好奇。人生舞台的帷幕正在缓缓拉开，在登台亮相前，我们先问自己以下三个问题，从而进一步探索自己想要扮演的角色。

问题一：我热爱做什么事？

做什么事时，我会感到特别开心？做热爱的事时，我们会充满能量和期待，即便反复做，即使需要投入很多的精力，我也从不觉得枯燥和厌倦，反而乐在其中，不在意得失。

问题二：我有什么特别的技能？

我在做什么事情时，其他人会称赞我，说我做得真不错？在什么情况下，老师会特别安排我去完成一个任务，并且相信我能做得很好？过去，我经常做的事情是什么？

问题三：世界需要什么？

许多年以后，世界会变成什么样子？我可以为身边的人做些什么？为社会作出哪些贡献？这个世界会因为什么样的人和事而越来越好？

我的理想角色

如果以上三个问题，你的心里都有答案的话，那么恭喜你，你应该能够找到自己理想的角色了。如果以上三个问题，你有些难以回答，那也不用着急，你可以多收集相关信息，问问家长和老师，多看看新闻和纪录片，多浏览报纸和书籍，拓宽你的视野。

另外，不断尝试一些新鲜的事物，发现自己喜欢什么、不喜欢什么，擅长什么、不擅长什么，这样也能慢慢找到自己理想的角色。

在认真思考后，请你将理想的角色写在下方，并写下你选择它的理由和愿意为之付出的努力。期待你在自己的人生舞台上，成为最耀眼的那颗星！

理想角色一：

选择的理由：

你愿意付出哪些努力：

理想角色二：

选择的理由：

你愿意付出哪些努力：

理想角色三：

选择的理由：

你愿意付出哪些努力：

2 遨游专业星系

我未来想当科学家，大学时要学什么专业呢，物理还是化学？

当人们聊起职业、大学时，常常绕不开一个话题——“专业”。专业是什么，它与我们的学习和生活有什么样的关系？面对专业，我们又有哪些选择呢？

2023 年 5 月 30 日上午，林子宸和爸爸正在收看神舟十六号载人飞船发射的直播，看到人们聚集在一起欢送航天员出征，又看见庞大的航天飞行器正蓄势待发，子宸感到心潮澎湃。从小就对宇宙心生向往的他，由衷地羡慕和钦佩航天员们。

这时，子宸注意到宣讲会上航天员桂海潮和其他两位航天员不一样——只有他佩戴着眼镜。子宸很好奇，便询问爸爸："为什么航天员可以戴眼镜？"爸爸说："因为桂海潮担任的工作不一样，他是载荷专家。"子宸头一回听说"载荷专家"这个名称，便继续问道："载荷专家是什么？"爸爸说："载荷专家就是去太空里进行各项实验和探测的科学家，他们需要有丰富的实践经验。"子宸很惊讶，他印象里的航天员都是飞行员，没想到在航天领域，还有不同的分工。他不禁想：我以后要学什么知识，才能实现我的太空梦……

如果你也好奇，还曾在网络上搜索过桂海潮的相关信息，就会留意到，他毕业于北京航空航天大学，是一位工学博士。工学是什么？其他学科的人可不可以从事与航空航天相关的工作？

我国教育部发布的《普通高等学校本科专业目录(2012年)》，给出了最直观的认识专业的信息。在我国，学科分为学科门类、一级学科和二级学科。学科门类共有12个，分别是哲学、经济学、法学、教育学、文学、历史学、理学、工学、农学、医学、管理学、艺术学。这些学科涵盖了我们生活、科技、经济和政治等方方面面，会培养相对应的、将在各个领域发光发热的人才。

在这些学科门类之下，还分出了92个一级学科。例如，在文学这一类别下，还分为中国语言文学类、外国语言文学类和新闻传播学类。而一级学科之下，还有二级学科，也就是我们常听到的专业，共计有506种。譬如，在中国语言文学类这个一级学科下，还有汉语言文学、汉语国际教育等5个专业，这是为了进一步细分学习的方向，让我们可以在一个专业更深入地钻研。

学科门类、一级学科和二级学科就像一个星系里同时运转的许多行星，而行星的周围又环绕着许多天然卫星。它们紧密相连，有着严格的从属关系，不同的学科门类和一级学科、二级学科间各自独立，构成了浩瀚的知识宇宙。

让我们坐上飞行器，来大致浏览部分学科分布情况吧（表格中只呈现门类中编号排在最前的一级学科及二级学科）。

学科门类	一级学科	二级学科（学科、专业）
哲学	哲学类	哲学、逻辑学、宗教学
经济学	经济学类	经济学、经济统计学
法学	法学类	法学理论、法律史、宪法学与行政法学、刑法学、民商法学、诉讼法学、经济法学
教育学	教育学类	教育学、科学教育、人文教育、教育技术学、艺术教育、学前教育、小学教育、特殊教育
文学	中国语言文学类	汉语言文学、汉语言、汉语国际教育、中国少数民族语言文学、古典文献学
历史学	历史学类	历史学、世界史、考古学、文物与博物馆学
理学	数学类	数学与应用数学、信息与计算科学
工学	力学类	理论与应用力学、工程力学
农学	植物生产类	农学、园艺、植物保护、植物科学与技术、种子科学与工程、设施农业科学与工程
医学	基础医学类	基础医学
管理学	管理科学与工程类	管理科学、信息管理与信息系统、工程管理、房地产开发与管理、工程造价
艺术学	艺术学理论类	艺术史论

你了解其中哪些学科？未来某一天你要选择一门专业作为学习方向，你会选择哪一个呢？

需要注意的是，选择专业并没有我们想象的那么简单。通常在高考后填报志愿的环节就要选择学科了，这意味着我们要综合考虑大学的招生计划、自己的高考分数和兴趣爱好、能力、未来职业发展方向等多个方面进行选择。

然后，如果是本科生的话，就会进入大学学习一个专业长达四年之久，甚至更久。有的人读完本科会继续报考研究生，以深入探索专业知识，并在未来从事相关的研究工作，取得新的科研成果。由此可见，在很大程度上，专业决定了我们人生未来的发展方向，决定了我们会做什么样的工作、在哪个领域有所建树。因此，选择专业是一件需要慎重考虑的事情。

或许你会觉得，高考离你还很遥远，那么我们也可以着眼当下，看看现在学习的科目和以后的专业有什么联系。

小学阶段，我们主要学习的科目有语文、数学、英语、道德与法治、音乐、美术、科学和体育；进入中学，我们还要学习历史、思想政治、地理、物理、化学、生物、信息技术等科目。

大学的一些学科和中小学阶段学习的科目有着直接的联系，比如，文学这一学科门类中的外国语言文学，它所包含的英语专业，就和我们现在所学习的英语是一致的；中国语言文学类中的汉语言文学，就和我们所学的语文存在很多相似之处。现在的学习，正是为了未来打基础。

高中以后，不同地区有不同的学科组合：语文、数学和英语是必考的科目，剩下的科目则需要进行选择。比如，“物理＋化学＋生物”为一个学科组合，“历史＋地理＋思想政治”为一个学科组合，当然还会有其他不同的组合。大学在招生时，会根据专业特点选择需要的学科组合。

例如，你想成为一名医生，那么最适合你的专业是临床医学类的临床医学专业。大部分设置临床医学专业的大学，都会要求在高中阶段选择物理学科，如果你选择了“物理＋化学＋生物”这一学科组合，你便可以选择大多数与医学相关的专业。

即便由于各种原因学不了临床医学，你也可以学习其他医学类的专业，同样能够进入医院其他部门工作。所以，当你有了一个目标专业，你就可以在高中更清晰地规划自己的高考科目，在学习中找到自己喜欢和擅长的科目，并用心投入。

该怎么判断什么专业适合自己呢？要知道从小学到高中，我们学习的科目会越来越多，难度也会越来越大，很少有人能做到每一科都特别喜欢和擅长，大部分人都会有学科上的偏好。如何判断自己对哪个科目更感兴趣？你可以先试着回答以下问题：

①在所有课程里，你最喜欢上什么课？

②你觉得哪个学科的作业做起来相对更有意思？

③你认为学好哪个学科对你帮助最大？

④你更愿意挑战哪个学科的难题？

⑤你认为哪个学科的题目你能答得又快又好？

⑥上哪一个科目的课程时你最认真？

⑦哪一个科目你学起来最轻松？

回答完以上问题，你对自己感兴趣的科目就有了初步的认识。接下来，你可以和你的学科老师交流你的学习情况，了解有关这个学科的信息，询问老师如何评价这一学科、如何学好这一学科。相信你可以收获更多关于学科的知识，并从中获得对你有帮助的内容。

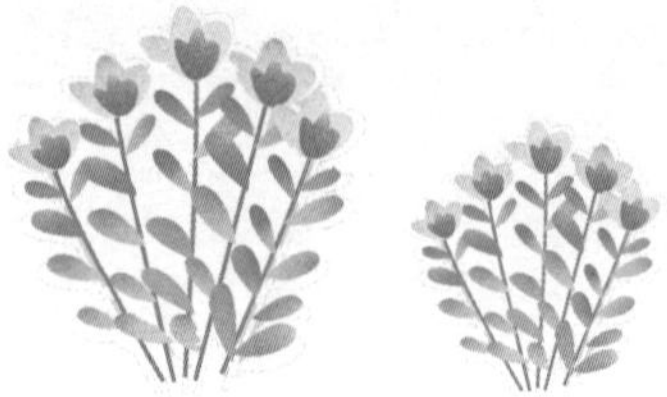

探索学科星系

动动你灵活的手指，从中华人民共和国教育部网站（http://www.moe.gov.cn/）搜索《普通高等学校本科专业目录（2012年)》，选择一个你感兴趣的学科门类，并记录其中的一个一级学科，以及其包含的几个二级学科。

感兴趣的学科门类	一级学科	二级学科

登陆专业星球

接下来，我们尝试深入地了解某一个专业。请从上表中选择一个你想要探索的二级学科，在阳光高考网站(https://gaokao.chsi.com.cn/) 的“专业查询”中了解它的相关信息，然后填写下面这张表格。

想要探索的专业	
阅读本专业的基本信息（完成后可以打“√”）	
已毕业人员从业方向	
开设的院校	
（选择你喜欢的三所填写）	
开设的专业课程	
（选择你感兴趣的三个课程填写）	
查看“专业解读”栏目（完成后可以打“√”）	

现在，请思考，你可以为你感兴趣的专业做哪些准备呢？除了了解信息，你是否可以尝试进行社会实践呢？比如，到大学里旁听，或到相关的工作场所进行观摩，看其是否和你预想的一样。相信经过这样的探索，你对自己未来的人生规划更有把握！

3 精彩的职业世界

将来我可以从事哪些工作？什么工作能赚钱？什么工作有意思？

有人说，工作要选能赚大钱的；有人说，工作要选自己感兴趣的；也有人说，工作要选轻松的。一份工作，除了能够给人们带来生活保障，更是成年后人们生活的重要组成部分。职业的选择是每个人都将面对的考验，需要我们谨慎思考，大胆尝试……

宋语昕在三年级的时候看了一档选秀节目，她觉得会唱歌、会跳舞的明星很有魅力，很想像她们一样，做一个偶像练习生。到了六年级，她废寝忘食地读完了一本小说，脑海中浮现出许多人物和情节，她立即决定当一名作家。上了初中以后，她在刷短视频时看到了一条旅拍视频，觉得能游遍世界各地，还能有非常多的粉丝，真是太酷了，于是她又梦想成为一名旅游博主。她发现自己有好多想做的工作，到底选什么好呢……

你也有这样的疑惑吗？你将来想做什么呢？

我们不着急回答上面的问题，先来做一个测试题吧。

这里有一张船票，你可以乘船去往以下任意一座岛屿生活一个月，你会选择哪个岛屿呢？

艺术岛：岛上有许多的美术馆和音乐厅，人们喜欢唱歌、跳舞和绘画，在这里你可以感受到艺术的气息。

秩序岛：这座岛屿就像一座国际化的大都市，到处可见现代建筑。岛上法律完善、管理有序，居民们都冷静保守，处理事情十分周到，很擅长组织和规划。

富裕岛：这座岛屿经济十分发达，建设了多处豪华酒店和购物商场。岛上的居民性格热情豪爽，擅长经商。企业家、管理者、律师等名流常来往于此。

沉思岛：这里有漫山遍野的草地，人烟稀少，夜晚繁星满天。岛上有很多天文馆、科技博物馆、科学图书馆。居民们喜欢独处，静静地思考人生、探究问题。哲学家、科学家和心理学家等常在这里讨论学术、交流思想。

自然岛：岛上保留了多种多样的自然景观，有热带雨林、冰原、沙漠等生态系统，还有植物园、动物园、水族馆，有种类繁多的动物在此栖息。岛民喜欢自己动手打造工具，也喜欢种植花果蔬菜。

友善岛：这里以友好淳朴的民风著称。大家都乐善好施，互相帮助与合作，十分重视教育。在这里，你会感受到来自他人的关怀和照顾。

（改编自“霍兰德职业兴趣理论”）

心理学家霍兰德将诸多心血投入到了职业指导领域，并创立了职业兴趣理论。上述的每一个岛屿都代表一类职业兴趣。根据刚才的选择，你可以从下列表格中找到符合自己兴趣的职业类型。

岛屿	职业类型	可能感兴趣的职业方向
艺术岛	艺术型	创意和创造类的工作 如音乐家、美术家、作家、演员、设计师等
秩序岛	常规型	有规则和要求、需要精打细算的工作 如会计师、行政助理、秘书等
富裕岛	企业型	需要运用领导能力、人际能力、说服能力达成组织目标的职业 如市场或销售经理、电视制片人、律师等
沉思岛	研究型	以探索和解决问题为主要内容的工作 如物理学家、工程师、程序设计员、社会学家等
自然岛	实用型	以户外作业和制造为主要内容的工作 如农业、林业、渔业、制造业、机械业、军事工作
友善岛	社会型	帮助和教导类的工作 如心理咨询师、教师、医护人员、社会工作者等

在选择时，你可能会发现自己不止想去一个岛屿，这说明你有着广泛的职业兴趣、广阔的视野；你可能还会发现，有一个岛屿是你无论如何都不会去的，那么未来就要考虑尽量避开这个类型相关的专业和职业。

职业兴趣有什么作用呢？当我们对某种职业有了浓厚

的兴趣，就会坚定地追求这一职业，并尽心尽力地去工作。职业兴趣还能让我们发挥主动性和创造性，挖掘我们的潜力，在职业中取得新的发现和成果。

如果一个人对某一工作有兴趣，就能够充分发挥他潜在的工作才能，还能较长时间保持高效率而不觉得疲劳；而对工作缺乏兴趣的人则很难发挥潜能，并且容易感到疲惫和厌倦。职业兴趣还可以使人更快地熟悉并适应职业环境和职业角色。

由此可见，寻找到自己的职业兴趣，不但能够让我们找到理想的职业，实现个人价值，还能让我们提升工作效率，为社会作出贡献。当然，除兴趣以外，在确认职业前，我们还要考虑其他因素，包括这个职业将来会变成什么样、能带来多少收入、其他人如何看待这个职业、自己拥有的能力、想要有什么样的收获等。这就要求我们学会全面地评估自己，收集更多信息从而了解职业。

霍兰德职业兴趣理论让我们对职业有了初步了解。然而，职业世界远比我们想象的更加精彩和辽阔。根据《中华人民共和国职业分类大典（2022 年版）》，职业被分为八大类别，它们有着不同的含义和职责。

职业分类	说明
党的机关、国家机关、群众团体和社会组织、企事业单位负责人	在中国共产党机关，国家机关，民主党派和工商联，人民团体和群众团体、社会组织，基层群众自治组织及其工作机构，企业、事业单位中担任领导职务并具有决策、管理职权的人员
专业技术人员	从事科学研究和专业技术工作的人员
办事人员和有关人员	在公共管理和社会组织机构中，从事行政业务、行政事务、行政执法和仲裁、安全保卫、消防和应急救援等工作的人员
社会生产服务和生活服务人员	从事商品批发零售、交通运输、仓储、邮政和快递、住宿和餐饮、信息传输、软件和信息技术以及金融、房地产、租赁和商务、技术辅助、生态保护、文化、体育和娱乐等社会生产服务与生活服务工作的人员
农、林、牧、渔业生产及辅助人员	从事农、林、牧、渔业生产活动及辅助生产的人员
生产制造及有关人员	从事产品生产及设备制造、矿产开采、工程施工和运输设备操作的人员及有关人员
军队人员	在军队中工作的人员，包括军官、军士、义务兵和文职人员
不便分类的其他从业人员	

每一种职业分类下，还有许多更加细致的职业划分。比如，从事农业生产的人员，包括种子繁育员、种苗繁育员、园艺工、食用菌生产工等；专业技术人员中有作曲家、舞美设计、歌唱演员等演艺行业相关的人员，还有记者、编辑、校对员等出版行业相关的技术人员。每一个职业都有它特殊的价值，它们让这个世界变得更加精彩纷呈，让每个人都能实现自己的梦想。

期待你寻找到愿意为之奋斗一生的职业！

职业访谈

了解了职业兴趣和我国的职业分类，我们将了解更多的“行业内幕”。请你找到一位正从事你感兴趣的职业的长辈，对他做一次职业访谈。这里为你提供一些访谈的问题，如果你有其他好奇的问题，也可以进行提问。在结束访谈后，尝试将问答整理成一份材料，作为你选择理想职业的参考。

职业访谈提纲

时间：　　　　　　采访人：　　　　　　被采访人：

问题一：请问您的职业是什么？

问题二：请问您选择这份职业的理由是什么？

问题三：从事这份职业，您有什么收获？

问题四：这份职业对您来说最困难的是什么？

问题五：您认为这份职业未来的发展会如何？

问题六：如果给即将选择这份职业的人一些建议，您会说些什么？

未来的职业

职业会随着社会的发展而发生变化，有的职业渐渐消失，如电话销售员、报刊亭摊主等；有的职业则新鲜出世，如宠物美容师、职业主播等。请你思考一下，有哪些当下存在的职业未来会消失？有哪些职业未来可能会受到人们的欢迎？你能想到有哪些职业可能会被创造出来呢？运用你的逻辑思维，发挥你的创意，眺望职业的未来吧！

4 破“圈”之旅

为什么人要突破舒适圈，在舒适圈里不好吗?

世上唯一不变的，就是“变化”本身。当“变化”来临时，你会有什么感受，又会做些什么？你是否主动选择过“变化”，让自己焕然一新？

林子宸上小学时，因为他爸爸工作调动，他们要举家搬到城市的另一端，连带着子宸也要转学。得知这个消息时，子宸犹如遭受晴天霹雳，他没想到，突然之间自己就要离开住了这么久的房子，还要和熟悉的朋友、老师们道别，而且还不知道新家和新学校会是什么样。刚转学的那几天，子宸常常望着窗外发呆，总想回到原来的学校。他难过地想："为什么我们不能留在原来的地方呢？"

你会怎么回答他的问题呢？

让我们来想象一下：一株植物种在花盆中，被精心照料。在人工提供的光照、水和养料的滋养下，它能顺利地发芽、生长。在这种情况下，虽然生存空间有限，但它习惯了这样的生活，并能够绽放出美丽的花朵。若将这株花移植到大自然中，不再有人照料，它便很难承受风吹日晒，一段时间以后可能就会枯萎。这就是生态学中的"花盆效应"。

人们的生活也是一样的，每个人都有自己的"花盆"，又被称为"心理舒适区"，也就是我们常说的"舒适圈"。舒适区最初是地理上的概念，用来形容那些四季气候宜人的地区。后来，慢慢衍生出了心理学的含义。

心理学中的"处于舒适区"是指，人把自己的行为限定在一定的范围内，对这个范围内的人和事非常熟悉，从而能够保持稳定的行为表现。

心理学家亚伯拉罕·马斯洛认为，人有很多种需求，包括生理、安全、归属与爱、尊重、自我实现五个方面的需求，它们就像一座金字塔从低到高排序。

用一段我们的成长经历来理解人的需求吧。小婴儿的时候，我们只需要充足的食物和睡眠、舒适的居住环境，满足最基本的生理需求及安全需求就足够了。等长大一些，我们开始和父母有眼神上的交流，会尝试着和他们说话、表达感情，这是在满足归属与爱的需求。上学以后，我们努力学习，结交很多朋友，希望得到别人的尊重和认可，这是在满足尊重的需求。步入社会，我们有自己的理想和抱负，想要发挥出自己的才能和潜力，这是满足自我实现的需求。

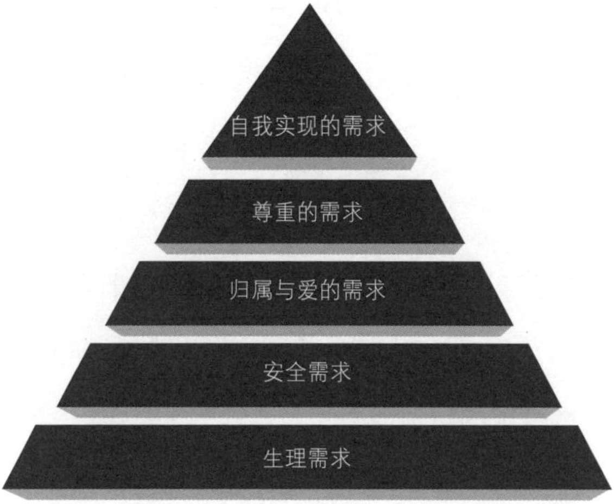

每一层需求都是一个舒适圈。在舒适圈里，我们能感受到足够的爱、身体充满活力、有充足的时间、受到他人的欣赏、对一切有控制力。换言之，在舒适圈里，我们会感觉像在家中最温馨的房间里待着一般安稳。

乍一听，你可能会觉得舒适圈真是太好了，为什么我们不能一直待在舒适圈里呢？马斯洛说："如果你总是刻意去做小于自己能力范围的事情，那么你将与你的潜能和可能性擦肩而过。"大部分情况下，我们都会先满足下层的需求，再满足上层的需求。

当一种需求被满足，这一需求层就成了我们的舒适圈。就像现在我们几乎不再为了吃不饱、穿不暖、住得不安全而发愁，那么生理需求层和安全需求层就变成了舒适圈。之后我们开始向上发展，突破舒适圈，追求自我实现，这是由我们自身的成长和对自我实现的渴望所推动的。

除"拥有进步和创造的动力"这些主观因素外，客观因素也会使我们的舒适圈受到影响，如升学、就业、人际交往，甚至是搬家，都可能是让我们感到"不舒适"的事件。因此，人无法永远停留在舒适圈中。当我们走出舒适圈时，身体和心情都会发生变化，可能会感觉压力变大，变得有些焦虑，这都是很正常的，这表示我们正在经历“变化和适应”的过程。

当变化发生时，我们首先会产生警觉，意识到变化正在发生。我们会调整自己的行动，这表示我们正在进入“学习圈”。在这个区域，我们会感觉有些许陌生，同时会进行探索和学习。如果探索的过程比较顺利，我们就会发现要学习和适应的事物越来越多，我们对自己的要求也会越来越高。这时候，我们会明显感觉心理压力变大，还伴随焦虑和害怕的情绪，这就表示我们进入了“恐慌圈”。

如果我们感觉探索的过程很吃力，碰到了重重阻碍，或是感受到了过大的压力，可能就会退回到舒适圈。这时，我们需要稍作休整，等重新调整好状态，再次尝试出发。当然，也有一些人就此放弃，选择停留在舒适圈中。

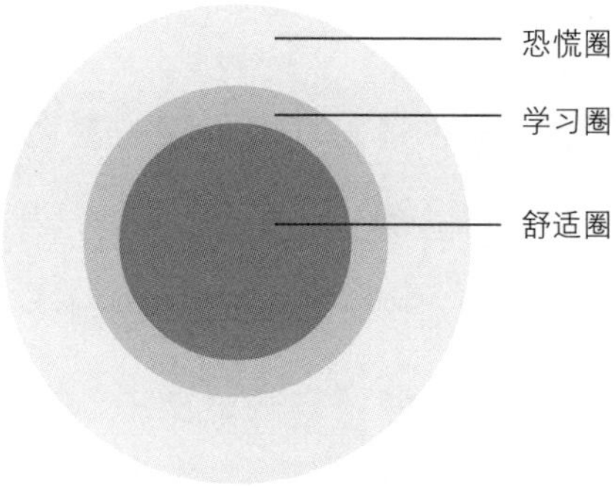

学习三圈理论

聪明的你会发现，圆圈向外延伸，它整体的面积越来越大。换个角度来看，学习圈和恐慌圈就像舒适圈的外延，它们随时准备好成为舒适圈的一部分。当我们能够完成探索、适应变化，重新获得内心的平衡和安定，舒适圈就会扩大，我们便能够从容地应对更多事情，进而发挥出更大的潜能。

就拿“进入新学校”这件事来说，第一天踏入新班级，班上都是陌生的面孔。你的舒适圈中有过去你交往的那些朋友，但在新环境里，他们都不在你的身边，你不得不跳出舒适圈，向学习圈进发。你会开始和身边的同学交换姓名、互相认识，可能你们会有共同的兴趣爱好，或者你们恰好住得很近，可以一起回家，这时你的尝试就获得了成功。很快，你就能扩大你的人际舒适圈，将新朋友纳入你的舒适圈。

也有一种可能，尽管你很想认识新同学，但你不太擅长和陌生人打交道，只好静静地坐在座位上。旁边成群结队、聊得热火朝天的同学可能会给你带来压力，让你有点担心自己在这个班是否受欢迎。尚未成功的探索，加上周围环境带给你的压力，会让你进入恐慌圈，导致你对和新同学的相处有些敏感和担忧。不过，不用过于担心，丰富的校园活动和日常的相处，会让你逐渐与同学们熟悉起来，并建立良好的关系。度过了“恐慌”的阶段，舒适圈就又扩大了一点——你的朋友比过去多了，你也更喜欢新的校园了。

如果你留心观察，你可能会发现每个人突破舒适圈的节奏和特点都是不一样的。有的人很快，有的人很慢；有的人学习圈更大，有的人恐慌圈更大。所以，即便面对同样的变化，每个人的感受和反应也会不同。我们只需要觉察并抓住自己的节奏，按照自己喜欢的方式“破圈”就可以了。

那么，处在学习圈和恐慌圈时，我们可以做些什么呢？

①制定目标和计划，思考自己要达到什么目标。

②评估自己的优点和强项，借此激励自己不惧怕眼前的挑战。

③回忆过去的成功经验，并加以借鉴。

④迈出“一小步”。想一想，为了达成目标，可

以做到的最小、最有把握的一件事是什么？

⑤寻求他人的帮助和支持。担忧、焦虑或害怕时，可以告诉家人或朋友，寻求他们的安慰和理解，还可以收获一些很有用的建议。

⑥观察别人是怎么做的，向他们学习。

准备好，迈出舒适圈

目前，你所拥有的舒适圈是什么呢？接下来，你想取得什么样的进步？把当前你认为能给你带来安稳、舒适的事物写在舒适圈里；把你想要探索的事物，或者正面临的挑战写在外围的学习圈里。

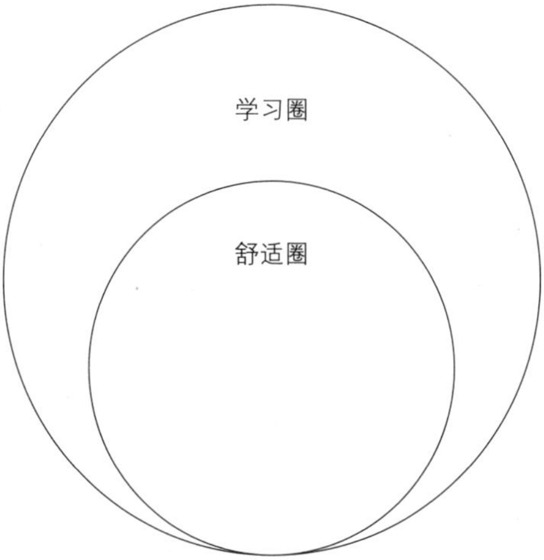

Don’t panic !

科幻小说《银河系漫游指南》里有一句经典台词："Don’t panic！"（不要惊慌！）面对变化和未知，我们难免会感到压力，但也正是因为这些变化和压力，人生才充满了无限的可能。开始探索以后，我们即将来到恐慌圈，一起准备好道具，为接下来的旅途保驾护航吧！

（1）"一小步"营养包

说明：面对挑战，"一小步"营养包可以在最短的时间内给你带来动力！

配方如下（请自行填写）。

我要采取的一个小行动：________________

我的信心：_____%

计划使用时间：压力事情发生后_____小时

（2）"重要他人"援助站

说明：焦虑？失落？害怕？不存在的！"重要他人"

援助站是由你的亲人和朋友组成的援助网络，能让你重拾信心、干劲十足！

“重要他人”援助站工作人员如下。

我的家人：________________

我的朋友：________________

其他人：__________________

我希望他们展开的援助行动有：

A.__________________

B.__________________

C.__________________

5 就决定是你了

有两个选择摆在我面前，我都想要，该怎么办呢？

生活不是一道是非题，而是无数道选择题。我们每天都要做大大小小的决定，小到午餐吃什么，大到考什么大学，有时我们能够很快判断并做出决定，而有时则是纠结和犹豫萦绕心头，担心选错，担心后悔。面对这么多选择，该怎么做呢？

宋语昕在微博上看到自己很喜欢的偶像要来自己所在的城市开见面会，这是她期盼很久的事情，恰好她又存够了零花钱，买得起门票。她兴冲冲地打算预约门票，一看时间，正是在期末考试前的那个周末。

如果去，就意味着复习时间变得很紧张；如果不去，下一次再想亲眼见到偶像就不知道是什么时候了……

如果你是宋语昕，你会如何做决定呢？

①立即拿出所有零花钱购买门票，偷偷去参加见面会；

②和父母说要去参加偶像见面会，但父母不同意，最后去不了；

③尽管父母没同意，但自己执意要独自去参加偶像见面会；

④安排了详尽的出行和学习计划，告知了父母，和同伴一起去参加偶像见面会。

每一天，我们都面临着许多的选择。在心理学中，面对多种选择时内心的纠结和犹豫被称作“心理冲突”。

心理冲突可分成四种类型：

第一种类型叫作双趋冲突，意思是两个选择都很有吸引力，但只能择其一，也就是我们常说的“鱼和熊掌不可兼得”。

第二种类型叫作双避冲突，意思是两个选择都很不利，但必须做出一个选择，就像“前有悬崖，后有追兵”。

第三种类型叫作趋避冲突，意思是当我们做出选择时，这个选择既有好的一面也有不好的一面，让我们想要接近又害怕后果，比如“又要马儿跑，又要马儿不吃草”，既希望马能工作，又希望马不要消耗太多的食物。

第四种类型叫作多重趋避冲突，意思是有多个选择摆在我们面前，每个选择都有好有坏，让人难以抉择，就像我们常说的“选择困难”。

宋语昕所产生的心理冲突，就是多重趋避冲突——去参加偶像见面会，自己会很开心，但可能影响期末考试；待在家里，复习时间充分，可心里却很难过。在这样的情况下，每个人会有不一样的思考，于是形成了不同的关于做决定的风格，这在心理学当中被称为“决策风格”。

这不但和我们对自我和外界的认识有关，同时还和我们是否考虑把这些认识纳入影响决定的因素中有关。对于自己的认识，包括兴趣、心情、身体健康、性格、需要、学习成绩等；对于外界的认识，包括父母、朋友和老师等的看法，以及其他的相关信息，如网络、书本、实地考察信息。

请先想一想，你对自己足够了解吗？你对外界信息有客观和全面的认识吗？你会考虑自己的实际情况吗？你会考虑外界的情况吗？

做出回答以后，可以参考下表，找到自己的风格。

决策风格判断表

决策风格	对自己	对外界
依赖型	不了解，也不考虑	不了解，仅考虑外界
理智型	很了解，有考虑	很了解，有考虑
直觉—冲动型	不了解，仅考虑自己	不了解，不考虑
逃避型	逃避做决定	

有些人在做了决定以后，会懊恼无比，后悔自己不应该做这个决定。如果你也有过“早知如此，何必当初”的念头，那么“生涯决策平衡单”就是你做最佳选择的不二法宝。

“生涯决策”是指在多项选择中权衡利弊，将选择价值最大化的过程。也就是说，当我们面临不同的选择时，要理智地、多角度地思考，而不是想当然地去做决定。填写生涯决策平衡单就是将我们要做的选择呈现在表格中，通过分数来衡量不同选择的利弊。

生涯决策平衡单

考虑因素	重要排序	选项一		选项二	
		影响程度（-10 ~ 10）	得分	影响程度（-10 ~ 10）	得分
1.					
2.					
3.					
总分					

生涯决策平衡单中，“选项一”和“选项二”是指当下的种种决定。有时选择不止两种，也可能有许多种，那么可以继续在表格右侧续写上选项三、选项四……

生涯决策平衡单中的“考虑因素”是指影响你做决定的原因，即在“决策风格”判断表中提到的关于自我和外界的因素。

在“重要排序”一列，要根据重要程度进行排序。如果有 5 个考虑因素，那么最重要的就写 5，最不重要的就写 1，依此类推，差不多重要的因素可以标上相同的重要等级。

然后根据自己的感觉对每个选项进行影响程度评分，有特别积极影响的打 10 分，有特别消极影响的打 −10 分。将排序数字和影响程度分数相乘，得到的分数写在选项下方的“得分”栏，最后将“得分”相加得到总分。将多个选项进行对比，选出分数最高的选项作为最优选择。

以去偶像见面会为例，把“去偶像见面会”作为选项一，“在家复习”作为选项二。你仔细思考了自己的心情和学习情况，也想到了平时和父母交流的过程，还上网搜索了见面会的门票价格、时间和地点，甚至和同学讨论了去偶像见面会的可行性。所以，根据重要程度排序，需要考虑的因素可能有：父母是否支持（6）、对期末考试成绩的影响（5）、对心情的影响（3）、往返是否安全（2）、还剩多少零花钱（1），呈现在表格中如下表所示。

考虑因素	重要排序	去见面会		在家复习	
		影响程度（-10 ~ 10）	得分	影响程度（-10 ~ 10）	得分
1. 对心情的影响	3	10	30	−2	−6
2. 父母是否支持	6	−10	-60	10	60
3. 对期末考试成绩的影响	5	−2	−10	5	25
4. 往返是否安全	2	0	0	10	20
5. 还剩多少零花钱	1	−10	−10	10	10
总分			−50		109

每个选项的考虑因素得分等于“重要排序”×“满意度”的得分，一个选项下的得分相加得到总分。从总分来看，去见面会的得分是 −50 分，在家复习的得分是 109 分，则这次的最好选择还是留在家里复习。

当然，不同的人会得到不同的分数，因为每个人的实际情况不同，心中对考虑因素的重要性有不同的看法，所以对别人来说是很好的选择，对我们来说就不一定了。

看到总分以后，你心中也许仍然会无比惋惜，因为理性帮你做出了选择，可是感性上你还是很希望能够去见面会。你可以从考虑因素入手思考解决策略。

例如，在没有沟通的情况下，父母对于你去见面会持反对的态度，但在良好沟通的前提下，父母也许可以理解你心中热烈的期待，最后给予你支持。面对即将来临的期末考试，参加见面会可能会耽误复习的进度，也可能会让你考试的心态发生波动，从而影响你的期末考试成绩。那么，为了争取去参加这次让你心心念念的见面会，你要保证期末考试成绩不受影响，在此之前你需要合理安排好复习计划，相对减少娱乐的时间，并且在参加完见面会后尽快平复心情，重新投入学习中去。

说到这里，聪明的你应该明白了，生涯决策平衡单并不能直接决定最后的选择，而是为我们提供重要的参考信息，让我们学会从多个角度去思考事情的利弊，多多收集相关的信息，并学会为自己的选择负责。

做完决定以后，你可能会发现这和你最初想要的结果并不一致，你也许会觉得失落或怀疑。这时，你可以多想想关于最终决定的益处，了解它对你未来发展的积极影响，并寻求其他人的支持，从而减轻心理落差，重新获得信心。

理性思考决定

现在思考有哪些让你纠结不已的选择，可以把它们列出来，然后利用生涯决策平衡单做出决定，看看哪个决定更好。在填写生涯决策平衡单之前，你可以在心里先做一个猜想，猜猜自己会做什么决定，然后对比通过生涯决策平衡单做出的决定，看看是不是与你心中期待的相符。

创造新用途

生涯决策平衡单不仅可以用于学业方面做决定，也可以用于其他方面，如消费、人际关系、旅行攻略等。请开动脑筋，想想生活中还有哪些时刻需要我们多收集信息、多角度思考、谨慎做决定的？

Part

3

人生“体验官”

1 做生命的“提灯人”

每天都在重复枯燥的生活，人生有什么意义？

有人说，不要甘于平庸；也有人说，平平淡淡才是真。人生到底应该是一场轰轰烈烈、精彩纷呈的旅途，还是应该淡泊宁静、坐看四季更替？其实答案，在我们的心里……

林子宸正和邻居家的弟弟一起看自然纪录片，纪录片讲述的是鲑鱼从海洋逆流而上，回到山间的湖泊里产卵的故事。在这一过程中，鲑鱼要拼尽全力，迎着湍急的河流向上游，还面临被在河道中等待的饥肠辘辘的棕熊一家吃掉的风险。最后，精疲力竭的鲑鱼终于抵达了产卵地，在湖泊里产下了密密麻麻的鱼卵，没过多久，鲑鱼便悄然死去。

看到这里，弟弟突然问："子宸哥哥，为什么鲑鱼要这么拼命地游回湖泊里，直接在大海里产卵不行吗？"

林子宸想了想，说："也许它们相信湖泊才是适合产卵的地方吧。"

弟弟沉默了一会儿，又问："可是最后它们都死在了那里，也没法回到大海，这值得吗？"

林子宸不知是否应该给出肯定的回答。弟弟又追问："子宸哥哥，你说，人最后也要离开这个世界，那为什么还要这么辛苦地活着呀？"

子宸心里也泛起了疑问："是啊，人活着的意义是什么呢？"

世界上有许多哲学家和心理学家都在探索生命的意义。如果你也曾经想过这个问题，那就表示你开始对生命、对这个世界有了新的思考。不去思考这个问题，或感到活着没有意义的人，常常会觉得生活很空虚，不知道该做些什么事，或者沉迷于虚拟世界。他们感觉自己的人生好像被笼罩在迷雾里的森林，举目四望，皆是茫然。只有懂得了生命的意义，才能手提一盏明灯，照亮自己人生前行的方向。

心理学家戴斯认为，生命的意义对人类十分重要。生命的意义不仅能够为我们提供生活的目标，告诉我们未来可以做什么样的事、成为什么样的人，还可以为我们提供评价行为的标准，当人们的行为符合生命的意义时，便会得到赞赏，如学会一项技能、陪伴家人；反之，我们会去避免那些不好的行为，如终日无所事事、沉迷游戏等。

另外，生命的意义可以提升我们对生活的掌控感。遵循生命的意义，我们会更加坚定，能寻找到更多处理生活中的难题的方法，而不是陷入迷茫和无助。

生命的意义让我们觉得自己是一个独一无二、有价值的人，还能给我们带来许多积极的体验。玩耍时，我们体验轻松自在的感觉；学习时，我们体验专注和坚持的力量。对于在其他人眼里可能有点无聊的事情，我们却甘之如饴，因为我们相信每个人都可以书写不一样的人生故事。

心理学家弗兰克尔认为：人们必须有一个清晰的认识，

知道自己将要做什么，并为实现自己的价值努力去做一些事情。他告诉人们，可以通过三个途径去获得生命的意义：通过创造性价值获得工作的意义、通过体验性价值获得爱的意义、通过态度性价值获得受难的意义。

什么是工作的意义？我们可以这样来理解：小时候，我们用积木搭建一座城堡，可能还会上演一出怪兽攻打城堡、士兵守护人民的戏码。当脑海中的城堡被搭建起来时，我们会发自内心地感到快乐，并且为自己感到自豪。

长大以后也是一样的，写出一篇优美的作文、弹出一首动听的钢琴曲、用黏土制作一个人物模型等，我们用自己的知识和劳动创造出了特别的作品、获得了巨大的成就感，这就是生命的意义来源之一——通过创造性价值获得工作的意义。

生命的长河中，爱无处不在。我们从来不是独自前行的，当说起“重要的人”时，你的脑海中一定能浮现出几个人的面庞。可能是照顾我们生活起居的父母、严慈相济的老师，也可能是谈天说地的好朋友，还可能是陪伴在你身边的一只小动物……在和他们（它们）相处的过程中，我们体验到了“被爱”的滋味。当孤独或悲伤来袭，他们用爱和温柔包裹着我们，抚平我们心中的创伤。

同时，我们也学会了如何去关心和爱别人，如何设身处地地为别人着想。相互的牵挂和支持，让我们的情感体验更加丰富、完整，这就是生命的意义来源之二——通过体验性价值获得爱的意义。

对于第三个生命的来源“受难的意义”，你可能会觉得困惑，受难也有意义吗？是的，受难也会让我们的生命变得更有意义。

受难，不仅指遭受很大的苦难，也包括经历生活中的挫折和失败。当我们第一次学骑自行车时，会发现很难掌握平衡，一不留神就可能摔倒，甚至磕破膝盖。但在不断的练习后，伤痕慢慢愈合，骑车越来越平稳，最终我们学会了骑车这项技能。

学习的过程也是一样的，想要取得好成绩，就要改正许多不好的习惯，克服惰性，放弃一部分自己的爱好，也要面对即使付出很多也不一定能立刻看到成果的挫败感。

农民日晒雨淋，辛勤耕作，才有了丰收的粮食；母亲怀胎十月，承受生育之痛，才将一个崭新的生命拥入怀中。

这些“苦”的经历，都在提醒着我们过程艰辛、结果不易，帮助我们正视苦难、学会珍惜，从而更用心地对待生活。这就是生命的意义来源之三——通过态度性价值获得受难的意义。

《被讨厌的勇气》一书里有这样一句话：“决定我们自身的不是过去的经历，而是我们自己赋予经历的意义。”意思是说，重要的不是过去发生了什么，而是我们如何看待过去所发生的事。我们要主动去赋予生命意义，而不是被迷茫和空虚填满。看似重复单调，可能充满挫折的日子，当我们赋予了它意义以后，它都会变得弥足珍贵。

我们可以从生命的高度、温度、宽度和深度四个方面去赋予其意义。

生命的高度，指的是我们的影响力。

画家达·芬奇给世人留下的名画《蒙娜丽莎》被珍藏于卢浮宫博物馆，每年吸引成千上万的游客前来观赏；音乐家贝多芬创作的《月光奏鸣曲》依然为钢琴家所弹奏，成为传世经典；科学家袁隆平在田地耕作，不断提升水稻的栽培技术，让国人不再因为粮食短缺而发愁。他们攀登到了人生的高峰，并为整个人类留下了灿烂的遗产。未来，你希望自己可以有怎样的影响力？你希望给这个世界留下什么样的财富？你希望后人如何记住你？

生命的温度，指的是我们对生命的热爱。拍照、剪辑一支充满生活气息的vlog、为自己做一顿美食，这些让你感觉到生命是如此美妙的事物，都可以构成生命的意义的一部分。你能想到哪些让你发自内心感到喜悦的事情？

生命的宽度，指的是我们对生命的体验。数一数，能够给予你温暖关怀的人有哪些？你能为他们做些什么？未来，你可以进行哪些探索和体验？你想去哪些没去过的地方？做哪些事？把人生当作一场旅行，每一天都是一次新的冒险。

生命的深度，指的是我们在某一件事情上的投入程度和掌握程度。比如，你是一个热爱运动的人，你会如何让自己的运动技能发展得更好？也许有一天你可以成为一名职业运动员，挑战人类身体的极限。想一想，你想在哪件事情上变得更加卓越？

行动起来，生命的意义将由我们自己创造！

生活碎片宝盒

选一个你喜欢的材质的盒子，可以是铁盒，也可以是塑料盒，用这个盒子来保存所有你喜欢的有纪念意义的小物件。可以是一个小玩具、一张照片，也可以是校徽、一张小纸条。多年以后，生活碎片宝盒会成为串起你回忆的重要线索，增加生命的温度、拓展生命的宽度，让生命的每个阶段都有独特的意义。

新的一个月

常常有人用“三分钟热度”来批评一个人对一件事投入得不够多，今天，让我们用“三分钟热度”来做一件事。找一件你很想尝试但似乎没什么时间做的事，只用一个月的时间，投入最多的精力，看看自己能把这件事做成什么样。一个月之后，你可以自己选择继续还是结束，或者开启一项新的尝试。通过这样的尝试，提升生命的高度、挖掘生命的深度，留下属于你的生命的印记。

2 看见乌云，拨开乌云

我的心情很糟糕，是得抑郁症了吗？

你了解过“抑郁症”吗？它到底是一个心理问题，还是一种病？它离我们的生活是近还是远，会给我们带来怎样的影响呢？

宋语昕的QQ上收到了网友发来的消息：“颂颂（宋语昕的网名），我怀疑我得了抑郁症。”

宋语昕很惊讶，赶紧回复：“怎么回事？”

网友发了一个哭泣的表情包，并说：“我最近心情一直很不好，在网上找了一个测试，做完以后发现我是中度抑郁。”

宋语昕对“抑郁症”这个词很陌生，出于担心，赶紧上网搜索了抑郁症的资料，并把网友说的近期的表现一一进行核对，好像真是那么一回事！心情低落、睡眠不好、精力不济……和最近自己的状态好像！宋语昕反反复复地研究网络中关于抑郁症的介绍，她甚至怀疑自己也得了抑郁症。

近年来，抑郁症已成为人们关注的热点话题之一。世界上有许多人都受到抑郁症的困扰，但现实中，人们对于抑郁症存在诸多误解。有的人认为，抑郁症就是“很悲伤、很低落”；有的人认为，抑郁症是某些重大的事故导致的；也有的人认为，抑郁症就是“矫情病”，心理素质差的人才会得。那么，抑郁症究竟是什么呢？在讨论抑郁症之前，我们先要分清楚抑郁症和抑郁情绪的区别。

这两年，人们喜欢用“我抑郁了”代指自己的情绪状态，意思是我的情绪有点差。有抑郁情绪的人可能会在QQ空间、微博等社交平台，进行一些关于负面心情的记录。不过，他们往往在发表完情绪后就继续投入学习或工作，也能找到让自己开心起来的方法，比如，通过打游戏、运动、和朋友聊天来转移注意力，或者干脆睡一觉。随着积极行动的发生和时间的推移，抑郁的症状就会消失不见。

以上抑郁情绪的表现是非常正常的。毕竟我们在生活中总是会遇到一些不顺心的事情，当这些事情发生时，我们会感到失望、难过；而当事情得到解决，或是状态得到调整以后，我们又能恢复到积极乐观的生活状态。由此可见，每个人都可能有过抑郁情绪，它是一种正常的情绪反应，并不等于抑郁症。抑郁症，有着比“抑郁情绪”更严格的判别标准。

抑郁症是一种情绪方面的障碍，像一层始终笼罩在心上的厚厚的乌云。可能并没有发生任何糟糕的事情，但乌云就是如影随形。

受抑郁症困扰的人们会感觉情绪低落、悲伤、沮丧，他们常常责备自己，感觉十分无助，觉得自己没有价值。即便是过去很感兴趣的事情，现在也提不起劲头去做，他们觉得生活中的许多事无法带来满足感和乐趣。他们的身体也会出现相应的反应，如不想进食、失眠或很早醒来。要注意的是，光是出现以上状况，还不足以判定为抑郁症，抑郁症的判定还需要考虑这些状况持续的时间和影响生活的程度。

如果糟糕的情绪和身体状况持续超过3个月，或是它们严重影响到了你的生活，比如，因为情绪问题而没有办法学习、工作等，那么就要引起重视。

网络上充斥着各种各样关于抑郁症的说法和测试，但从科学的角度来说，它们都不能真正判定一个人是不是真的得了抑郁症。最科学的方法是去看心理医生，通过与医生的交流、医学方面的检查和专业的心理测试，才能确定是否得了抑郁症。

就像感冒和胃疼一样，抑郁症可能会在“心理免疫力”低下的时候发生，但并不意味着它永远不能被治愈。在心理医生的指导下，可以通过药物和心理治疗帮助抑郁症患者恢复健康。相信拨开乌云以后，我们依然能看见彩虹。

如果身边的朋友告诉你他得了抑郁症，你可以怎么做呢？

首先，要鼓励抑郁症患者积极接受专业的心理治疗，药物治疗和心理咨询相结合的方法能够有效地缓解患者的抑郁症状。

其次，我们虽然不能取代心理医生，但可以在情感支持方面为朋友提供帮助。在和他们相处时，不要说："你要开心起来呀！""都是你想得太多了。""多看看积极的一面。"这对他们来说很难，而且听起来像是在责备他们不知道如何好好生活。我们可以这样说："我可以陪陪你吗？""你对我来说很重要。""我愿意帮助你。"这样的话语可以表达出我们的理解和善意。

最后，我们要肯定他一点一滴的进步，尽可能保护他不受误会和伤害，让他明白有人关心着他，他就能收获更多的幸福和信心。

当我们感觉自己很长时间开心不起来，出现了吃不下东西、睡不着觉的情况时，先不要对号入座地给自己贴上标签，认为自己一定是得了抑郁症。可以先向家人说明自己最近的情况，并说出心里的担忧。不要责备自己，有些事并不是由我们控制的，生活中总会有意想不到的事情发生，心情不好并不是我们的错。可以做一些自己喜欢的运动，如散步、打羽毛球等，让我们的身体感受到快乐。

如果尝试了许多方法依然感觉很糟糕，一定要寻求专业的心理援助。比如，可以拨打当地心理援助热线倾诉烦恼，或是由家人带领你前往医院找心理医生进行诊断。大多数情况下，我们都只是暂时地被困在负面情绪中，需要外界的帮助。不让自己处在孤立无援的状态，就是对自己最大的帮助。

心理援助热线单位	电话号码
中国心理危机与自杀干预中心求助热线	010–62715275
全国青少年心理咨询和法律援助热线电话	12355
中国妇女儿童心理咨询热线	4006012338
清华大学心理援助热线	4000100525
北京中科院心理所咨询志愿者热线	010–64851106

我们也可以学习一些情绪调节的方法，帮助自己更好地“拨开乌云”。在心理学中，有一种平复心情、远离抑郁的方法，叫作“正念认知疗法”。正念是指不带主观评判地把注意力集中在当下，让自己意识到自己正在做的事情，感受正在发生的一切。

举个例子，每次走同样的路线去上学，过了一段时间，你对路上的风景、店铺、行人都已经很熟悉了，你可能就不再关注。尽管你走在这条路上，但你的心思已经飘到了其他地方，可能是学校里好玩的事情，也可能是昨晚没看完的电视剧，以至于今天路上的一棵大树开了花，你都没注意到。而正念就是指你走在这条路上，时刻关注着这条路上正在发生什么。你看到盛开的花、听到鸟叫、闻到包子铺的香气，你会感到内心很愉快和平静。

我们会不开心，很多时候是因为过去发生的不好的事情还时时萦绕在我们的心头，即便眼前发生了很有趣的事情，我们也无暇顾及。因此，我们要学会“正念”地生活，活在此时此地，抑郁的情绪会因为我们在“正念”地生活而渐渐地不再打扰我们。

正念生活

想一想，你最近一次吃东西是什么样的？是狼吞虎咽，还是细细品尝？

正念饮食可以让我们从食物中获得超满足的享受。通过你的感觉器官，捕获对食物新的感受吧！

看

在得到一份食物后，你可以先看看食物的形状和色泽，你可以旋转它的角度，看看不同光线下食物的不同颜色。

闻

把鼻子凑近，闻一闻食物的气味。深深地吸一口气，试试看能不能分辨出食物的气味，是辣的，还是甜的？

触

触摸一下食物，感受它的质感，体会它在皮肤上留下的感觉，是油的，还是干的？是粗糙的，还是光滑的？

尝

将食物送入口中，慢慢地咀嚼，忍住一口吞下食物的冲动，仔细感受食物在牙齿间研磨以后形成的味道和口感。

看、闻、触、尝，全都做过一遍以后，你就成了一个快乐的美食家。

送给抑郁的礼物

抑郁情绪也好，抑郁症也罢，它们的出现就是一种信号，提醒着我们要更加关心自己的心情，照顾好自己的身体。在日常生活中我们可以选择以下行动，作为送给抑郁的礼物。

走进大自然

在公园、湖边、草地上行走，用相机记录沿途的美好风光，看看天空、青草和树叶，听听风声和鸟鸣，用手触摸植物的枝叶。

学会感恩

每天感谢一个人或一件事。醒来后，感谢阳光如约而至来到你的窗前；早餐时，感谢家人的用心烹饪；乘车时，感谢司机师傅每天坚持工作，为我们带来了生活的便利。心怀感激，你会发现生活中更多的美好。

心愿清单

用一张纸记录下所有你闪现在脑海中的愿望。想去旅行、想买一件新衣服、想吃到抹茶味的冰激凌……每个小小的心愿都会变成点亮生活的星星，让生活变得趣味十足。

3 好好睡觉

最近经常失眠，躺在床上怎么也睡不着，尤其是考试前……

你有没有失眠过？

深夜，宋语昕躺在床上辗转反侧，她睁眼看了下闹钟，现在已经凌晨1点了，距离她躺床上准备睡觉已经过去两个小时，但是她一直没有睡着，脑海里一直胡思乱想。身体的疲倦和脑袋的清醒折磨着她，她不由得想到明天的期末考试，如果现在不睡，明天肯定没精神，明天没精神，则考试肯定考不好，考试考不好，那么爸爸就会批评她，她不想被爸爸批评……宋语昕越想越焦虑，越焦虑越睡不着。感受着失眠的痛苦，她不由得发出了低声的呻吟。

你有没有遇到过和宋语昕同样的情况？失眠的痛苦，想必经历过的人都能够感同身受。特别是在一些重大事件前夕，如考试、比赛、演出，我们可能会因为兴奋或者紧张而失眠。

当我们意识到自己失眠后，会出于担心失眠影响自己第二天的表现而强迫自己睡着，却发现无论怎样翻来覆去、心里告诫自己赶快睡，头脑依旧清醒，没有一丝困意。这种情况使我们更加担心失眠的影响，变得愈发焦虑，从而陷入死循环。

你知道吗？其实人的大脑是很有智慧的，睡眠科医生告诉我们：当身体没有得到足够的休眠时，我们的生理和心理会处于疲惫状态，此时大脑意识到这点，会分泌更多的化学物质多巴胺，用以刺激人体，提供更多的能量和兴奋感。因此，偶尔一次失眠并不会明显地影响到第二天的表现，所以根本无须担心，反而那些由失眠引发的恐惧、害怕的情绪才是有害的。

遇到失眠时，你可以放平心态，对自己说：“偶尔一次失眠是很正常的事情，明天醒来我还是活力满满。”给予自己积极的心理暗示，而不是想着“失眠等于我完了”。当然，也有一些方法能帮助你尽快从失眠的状态中摆脱出来。活用以下这些小技巧，可以帮助你好好睡觉、做个美梦。

方法一：顺其自然法。心理学中有一种治疗方法叫“森田疗法”，它的核心理念是：顺其自然，为所当为。所谓“顺其自然”，指的是我们应当遵循事物的客观规律、顺应自然，而不是主观地操纵它。人们很多的情绪困扰、内心世界的冲突，往往都是由自己主观地去把控不可控的客观事物导致的。

因此，当失眠发生时，我们能做的不是去克服它、控制它，而是顺其自然地接受失眠的发生，不刻意抵抗，去做自己可以做、应当做的事情。比如，有同学会在失眠的时候纠结要不要喝水、要不要上厕所的问题。一方面，身体告诉我们有这方面的生理需求；另一方面，我们会担心此时起来去做这些事情，会破坏我们精心酝酿的睡意。在这种纠结的心理中，我们可能希望自己尽力克制这些想法，然后尽快入睡，但最终会发现自己的头脑越来越清醒。

此时，按照顺其自然法，我们应该怎么做？当意识到需要喝水或者上厕所时，我们应当遵循生理需求，顺其自然，可以立即起身去做要做的事情，而不是克制它、压抑它。就好像该哭的时候就哭，该笑的时候就笑，顺应自然规律。所以，即便失眠了，我们依旧可以对自己说："失眠了又怎么样呢？哪怕一晚上都不睡又能怎么样呢？"接纳自己失眠的状态，不把失眠当问题，失眠就不会再成为问题。

方法二：思维阻断法。失眠时，我们会有一个很突出的体会：头脑中充斥着各种各样的想法，好像脑海中有千军万马。思维的活跃性会让大脑误以为我们还处在学习或工作状态，从而加剧失眠。面对这种情况时，思维阻断法可以帮助我们更好地停止胡思乱想。顾名思义，思维阻断法就是抑制并中断思维的方法，需要我们在某些时候人为地给出"停止"的命令。

失眠时，当我们意识到自己正胡思乱想，可以通过使用"突然睁眼""突然坐起"，甚至是"突然起身去喝水"等行为来实现阻断作用。这种人为的、外力的"终止"，可以将我们从混乱的思维中拉回，帮助我们镇定心情，改善失眠状况。如果我们在生活中多多练习思维阻断法，在遇到失眠或其他问题时就能很快摆脱头脑中的思维旋涡。

这里需要提醒大家的是，偶尔一次失眠是正常的，但长期、反复的失眠则会影响我们的身心健康，甚至可能会使我们患上“睡眠障碍”。

如果你发现自己的失眠问题经常出现、持续时间在一个月以上，并且感觉到明显的疲劳、不适、注意力涣散、行为冲动等，一定要告诉父母，请他们带你去就医问诊。平时的生活中，我们要养成良好的睡眠习惯，如不熬夜、规律作息、晚上不喝咖啡或浓茶、睡前不吃油炸和烧烤等具有刺激性的食物、睡前不剧烈运动、不在床上做与睡觉无关的事情（学习、吃饭等）。

积极睡眠暗示

当我们问别人“睡不着怎么办”的时候，可能很多人会跟你说：睡不着可以数绵羊——一只绵羊、两只绵羊、三只绵羊……七十六只绵羊……四百二十一只绵羊……呼噜……然而，你知道数绵羊背后有什么原理吗？其实数绵羊助眠的方法和心理学中的“暗示法”有关，只不过传到我们耳边的时候我们忽略了它诞生的背景。

数绵羊法是从西方国家传过来的，因为绵羊的英文“sheep”和睡觉的英文“sleep”发音相似，所以数绵羊就是在暗示自己要睡觉。当这个方法传到中国，应该结合我们的文化背景做出修改，我们应该数“水饺”而不是数绵羊。“水饺”与“睡觉”发音相似，因此数水饺就是暗示自己要尽快睡觉，我们可以通过暗示的方式使自己尽快入睡。

然而每个人喜欢的“暗示物”都是不一样的，比如，有人看到红色会立即想到美好，有人看到红色会立即想到危险。那么，当你想到什么物体或事件时，你能够联想到“睡觉”？脑海中怎样的风景画面可以让你感到心安、平静，并产生睡意？你可以通过文字描述或者绘画的方式把它们表达出来，并作为你专属的睡眠“好物”，每天晚上临睡前你可以尝试在脑海中想象这些物体、事件、风景等。

轻松入睡方法

良好的睡眠习惯可以帮助我们睡得香，从而远离失眠问题。这里提供一些有用的生活小窍门。

①睡前用热水泡脚或洗个热水澡。这可以扩张血管，促进血液循环，帮助全身放松，有助于我们更好地入睡。

②睡前听听轻音乐。临睡前，一首优美的轻音乐可以缓解我们身体的疲乏，或者播放海浪冲击沙滩的声音、林间的鸟鸣声，你会随着音乐进入梦乡。

③睡前喝热牛奶或吃水果。热牛奶、苹果、香蕉、葡萄等可以帮助我们舒缓神经，抑制神经敏感并补充人体所需的营养，起到助眠的作用。

④创造良好的睡眠环境。睡觉的时候要保证室内是安静、昏暗的，要调节好室内温度，保持室内空气清新。

4 生命的盲盒

人生充满了变化，亲人会突然离世，好害怕这样的事情有一天会发生在我身上

失去一个人的痛苦，相信经历过的人都感同身受。这些令人心碎的事情其实离我们并不遥远：亲人离世、关系破裂，就连我们自己都会突发疾病……著名的科幻小说《三体》中提到：“人的生命中充满了意外，平平淡淡反而才是幸运。”

林子宸的班主任最近请了两天假，据说是因为家里的老人去世了。待班主任再回到学校时，子宸可以明显看出老师比以往苍老了许多，只见他眼睛浮肿，眼里布满了血丝，眼下还有着大大的黑眼圈，看样子最近没怎么休息。

谈起亲人的离世，子宸不由得想到了小学四年级时的那个冬天。期末考试后，妈妈才告诉他外婆因病去世了。那个在回忆中精明能干、走路带风的外婆，那个从小就给子宸做好吃的、买好玩的，带着子宸一起打牌、一起散步、一起骑车出去买面包的外婆因病去世了。林子宸此时已经记不清当时妈妈的表情，只记得他们家一起熬了个通宵，月亮走了多少个钟头，子宸就哭了多少个钟头。那是林子宸第一次接触“去世”，他记住了凛冽的寒冬和残酷的月色，这是他记忆中对“死亡”的初印象。

生命无常，世事难料，谁也不知道明天和意外哪个先来。世界上每一分钟都有人离世，可能因为战争、疾病、事故……只是我们很难想象如果死亡发生在我们身边，我们该怎么办。精神病学家伊丽莎白·屈布勒-罗斯在对数百名临终病人进行研究后得出结论，人从刚刚得知罹患重病到自然死亡，一共会经历五个心理反应阶段。

否认期

当病人得知自己病重、即将接近死亡时，往往没有心理准备，因此他的第一反应都是否认。“不，不可能是我！”“一定是搞错了，我要重新检查！”“这不是真的！”怀着侥幸心理，在第一阶段病人会激烈反抗，比如，会选择四处求医、情绪崩溃等。

愤怒期

这一时期，病人往往会非常愤怒、怨恨，觉得世界是不公平的，咒骂为什么这么倒霉的事情会发生在自己身上。在该阶段，病人甚至会朝着周边的亲人、医护人员发泄怒火，这都是其内心不平衡的体现。

讨价还价期

“如果再给我一次机会，我会……”“只要能把我治好，我一定要……”到此阶段，病人情绪波动平静了很多，甚至会主动配合治疗，病人会变得和善、宽容，因为其内心对奇迹抱有期盼，觉得只要自己积极配合，就有生的希望。

忧郁期

当意识到死亡这一事实已定、人生确实无望的时候，病人会产生强烈的失落感，表现出抑郁、低落、消沉、悲伤等情绪，甚至想一死了之。在这一阶段，病人开始着手交代后事，因此常常要求见自己的亲朋好友，希望最亲爱的人能在最后陪伴自己。

接受期

在最后阶段，病人对死亡已经做好了准备，一切未完成的事情都已经办妥，所以会变得平静、安详，他们会静静等待死亡的来临。

和每一位知晓自己病情、即将走向死亡的病人一样，我们在面对生命变故的时候，也会经历类似的五个阶段。

比如，当我们身边有亲人离世，或者经历失恋，第一时间往往都是否认："这不是真的！"其次会感到愤怒："这个世界太不公平了！非要好人遭受磨难！"前两个阶段可能会消磨掉我们非常多的精力，以至于让我们情感耗竭。有的人会整日以泪洗面，或是失眠、难以入睡；有的人表面看似平静，但其实内心正"地动山摇"，经历痛苦煎熬；有的人会体验到撕心裂肺的痛苦，惶惶不可终日。因为很难接受这个事实，在第三阶段我们会将希望寄托于奇迹上，求神拜佛、梦中祷告……待漫长的时间过去，才能逐渐接受事实，好似时间抹平了伤口，将点滴回忆在内心珍藏。因此有人说，成长就是一个不断告别的过程。

那么，如果我们的朋友经历了亲人去世的变故，我们可以做些什么呢？

首先，请避免直接安抚对方。有时候，我们为了安慰朋友，会劝他“不要难过”，也会给对方分享一些积极正能量的故事，或是讲笑话以期减少他的痛苦，鼓励他早日走出悲伤情绪。虽然出发点是好的，但实际上并不会起到多大作用，有时还可能适得其反。

其次，陪伴和倾听是最好的良方。当朋友处于哀伤状态时，我们的陪伴和倾听比安慰更重要。陪伴和倾听是在用语言、行为告诉他，无论发生什么事情，我们作为朋友都会陪伴在他左右。你也可以告诉朋友，如果他做好了倾诉的准备，我们随时都可以倾听，并给予他理解和支持。

再次，鼓励他讲述自己的故事或抒发心情。当朋友愿意倾诉后，我们可以鼓励他分享自己与逝者的故事，可以和他一起通过写信、祈福等方式向逝者传递未讲完的话。另外，也要让朋友把亲人离世的痛苦表达出来，可以用画画、写日记等方式让他尽可能地抒发心情。

最后，引导朋友接受事实、学会纪念逝者。皮克斯的电影《寻梦环游记》中有一句经典的台词：“真正的死亡是世界上再没有一个人记住你。”因此，只要我们对亲人的思念永存，那么他们必将在另一个世界不朽。扫墓、献花、哀悼，即便斯人已去，通过这些纪念逝者的方式，我们也能与他们保持心灵的链接。

随着慢慢长大，子宸渐渐懂得了以前父母做的那些他不理解的事情。比如，为什么清明节要去扫墓、为什么过年的时候要在家里的阳台放一碗饺子。他突然想起妈妈曾经跟他说过的一句话："外婆老了，妈妈也会老的，但那都是很多年后的事情了。你会有你的爱人和孩子，他们会一直陪在你身边。"

时间是最公平的，谁都会走向生命的终点。我们都会有"十年生死两茫茫，不思量、自难忘"的遗憾，也会明白平时要珍惜身边的亲人、朋友，过好自己的人生。我们无法预料何时会从生命的盲盒中开出悲伤和眼泪，但不可否认，这些盲盒中还蕴藏着更多的惊喜和希望，它们就在生命的长河中静静等待我们去发掘、探索。

人生的精彩就在于它的不可预知性。让我们都活在此时此刻，坦然接受未来的每一种可能，尝试书写你的灿烂人生。

开盲盒的心理准备

购买盲盒是现代年轻人喜好的一种娱乐方式，它之所以让人觉得刺激，是因为谁也不知道盲盒里究竟会开出什么物品。人生的玄妙也正是如此，明天不可控，未来不可知。

如果我们提前做好应对未来的准备，即便有意外发生，我们也能更快地进入平稳期。下面罗列了几个可能发生的意外，请你讲一讲遇到这些事情时，你会做些什么帮助自己渡过难关？

①遗失心爱的物品；

②没考上心仪的学校；

③好朋友与你绝交；

④亲人意外离世；

⑤得知自己罹患重病。

假如生命只剩一天

道家经典篇章《逍遥游》里介绍了一种菌类植物——“朝菌”，这种菌一见太阳就会枯死，它的一生只有短短不到一天的时间。

请你想一想，假如你的生命只剩下一天，你会做什么？是和亲人、朋友做个告别，和他们好好拥抱一次，还是去看你未曾见过的风景，或是品尝你梦寐以求的美食？可以将你的想法写下来，然后和你的朋友分享，询问他们会做什么。在有限的时间里，我们可以尽量创造出更多的可能。

生命也许很漫长，也许很短暂，取决于我们如何对待。有人说：“我最热爱的时间就是当下。”未来不可知，过去已过去，我们最能把握的时间就是此时此刻。让我们立足当下，不虚度光阴、不蹉跎岁月，珍惜时间，丰盈内心世界，充实过好每一天。